本书受首都经济贸易大学新入职青年教师科研启动基金项目（XRZ2020040）的资助，为该项目的阶段性成果

政府背景大客户对分析师预测行为与审计费用的影响研究

袁 满 著

中国财经出版传媒集团

经济科学出版社
Economic Science Press

图书在版编目（CIP）数据

政府背景大客户对分析师预测行为与审计费用的影响研究/袁满著. -- 北京：经济科学出版社，2023.3
ISBN 978 - 7 - 5218 - 4595 - 2

Ⅰ. ①政…　Ⅱ. ①袁…　Ⅲ. ①政府采购 - 影响 - 企业信用 - 信用评级 - 研究 - 中国②政府采购 - 影响 - 企业 - 审计风险 - 风险管理 - 研究 - 中国　Ⅳ. ①F832.4 ②F239.6

中国国家版本馆 CIP 数据核字（2023）第 041356 号

责任编辑：谭志军
责任校对：王京宁
责任印制：范　艳

政府背景大客户对分析师预测行为与审计费用的影响研究

袁　满　著

经济科学出版社出版、发行　新华书店经销
社址：北京市海淀区阜成路甲 28 号　邮编：100142
总编部电话：010 - 88191217　发行部电话：010 - 88191522
网址：www. esp. com. cn
电子邮箱：esp@ esp. com. cn
天猫网店：经济科学出版社旗舰店
网址：http：//jjkxcbs. tmall. com
北京季蜂印刷有限公司印装
710×1000　16 开　8 印张　150000 字
2023 年 3 月第 1 版　2023 年 3 月第 1 次印刷
ISBN 978 - 7 - 5218 - 4595 - 2　定价：48.00 元
（图书出现印装问题，本社负责调换。电话：010 - 88191510）
（版权所有　侵权必究　打击盗版　举报热线：010 - 88191661
QQ：2242791300　营销中心电话：010 - 88191537
电子邮箱：dbts@ esp. com. cn）

前　言

　　政府采购是财政支出的重要组成部分，具有宏观调控作用，对中小企业和不发达地区企业起到"造血式"的扶持作用。在新时代的背景下，习近平总书记明确要求在经济发展过程中应更好发挥政府作用，深化体制改革，助推国民经济发展，因此关注政府背景客户群体的作用有助于我们从新的角度了解政府干预对资本市场与企业运营的影响。

　　本书从供应链传递的视角下，分析中国国情下政府背景的客户群体对企业的分析师预测行为与审计费用的影响，将宏观政策影响与微观市场反应进行有效结合，为政府采购政策的相关研究提供了崭新视角。本书的研究内容主要包括以下几个方面：

　　第一，构建政府背景大客户采购数据。通过梳理政府背景大客户采购的政策与执行情况，手工收集并整理出政府背景大客户采购数据，描画受政府采购政策影响的企业信息画像。

　　第二，探究政府背景大客户采购订单的特征对分析师预测行为的影响，从能否"看准现状"以及能否"看清趋势"，两个方面对获得政府背景大客户采购订单企业的分析师评级进行研究，并结合采购订单的特征分析其对分析师预测行为的影响。

　　第三，分析政府背景大客户采购订单对分析师预测行为的影响机制，探讨可能存在的影响渠道，具体包括获得订单企业的所有权性质，是否有同券商的宏观分析师帮助，以及企业的盈利能力、市场估值和盈余质量，检验获得政府背景大客户采购订单的企业在以上几项的表现是否帮助分析师的预测行为。

第四，研究政府背景大客户订单对企业审计费用的影响，并从影响路径的角度揭示政府背景大客户的存在能有效缓解企业面临的审计风险，进而降低其审计费用的机制。

综上所述，本书从上市公司的供应链视角，探究中国国情下政府客户群体对分析师预测的影响，系统回顾了政府采购、分析师预测、审计费用与供应链等领域的相关研究文献。利用中国上市公司披露的前五大客户信息推算政府背景大客户采购比例的数据，探讨了企业获得政府背景大客户采购订单对分析师预测及审计费用的影响，并进一步检验其作用影响机制。本书的研究发现对政府采购的推行具有重要现实意义，也对投资者解读上市公司获取政府背景采购订单的信息含量具有重要启示作用，揭示了宏观政策对市场第三方的影响机制。

目　　录

第 1 章

绪　　论

本章为本书的开篇之章，主要介绍本书的研究背景、研究问题、研究内容、研究结论、研究框架、研究意义、研究方法。本章共包括 3 个小节。其中，第一部分为本书的研究背景与研究问题，第二部分为本书的研究内容与研究框架，第三部分为本书的研究方法与研究意义。

1.1　研究背景与研究问题

1.1.1　研究背景

党的二十大旗帜鲜明地提出了要构建高水平社会主义市场经济体制，坚持和完善社会主义基本经济制度，毫不动摇巩固和发展公有制经济，毫不动摇鼓励、支持、引导非公有制经济发展，明确要求充分发挥市场在资源配置中的决定性作用，更好发挥政府作用，深化体制改革，助推国民经济发展。我国自改革开放以来，在建立、健全社会主义市场经济体系的历程中，政府与企业之间的关系一直都是实务界与学术界所关心的热点话题。从理论上说，凡是能够影响经济主体行为的政府行为，都属于政府干预的手段，而政府影响企业的方式无外乎两种，一种是直接手段，例如直接的财政资助等方式，另一种则是间接手段，例如税收减免等（娄贺统、徐浩萍，2009）。近些年虽然围绕政府补助话题的研究有很多，比如，研究发现政府补助对于民营企业的研发和绩效有显著影响（李玲、陶厚永，2013）；在产业扩张后，政府补助反而带来产能过剩（周亚虹等，2015）。但是，对于政府干预政策的另一重要方面——政府采购却鲜有讨论。

政府采购属于购买性支出，是国际通行的宏观调控手段，是形成一国消费需求的重要组成部分，对社会经济有着重大的影响。中国政府采购网显示，2010～2021 年中国政府采购规模由 0.84 万亿元增加到 3.7 万亿元，占全国财政支出的比例由 9.4% 增长至10.2%，占 GDP 的比重由 2.1% 增长为 3.6%。我国《政府采购法》第九条的规定①为政府背景大客户采购政策功能的发挥提供了直接的法律依据。通过制定针对特定产业或地区的采购政策，可以引导产业结构的调整，助力供给侧结构性改革。对于企业和社会来说，以政府采购为代表的政府背景大客户往往能较好地配置资源，做到在满足政府对货物、工程和服务的需求同时，促进企业的创新与经济的发展，因此政府背景大客户理应对企业的发展起到正

---

① 《政府采购法》第九条规定：政府采购应当有助于实现国家的经济和社会发展政策目标，包括保护环境，扶持不发达地区和少数民族地区，促进中小企业发展。

面的促进作用。

1.1.2 研究问题

新时期下中国经济社会发展进入高质量发展模式的新阶段，在党的二十大精神指引下，有为政府如何发挥政府采购的政策功能问题值得本书深入研究。作为现代资本市场上重要的第三方参与者，分析师在信息的分析与传播过程中发挥着极为重要的作用。分析师作为专业的信息中介，往往拥有更强的专业素养、业务能力和知识背景，可以对公开和非公开的信息进行专业的解读，将关键指标以投资者更易理解的方式进行诠释并宣传。大量的研究已证实了分析师在增强股票价格信息含量、合理引导市场估值方面所起到的积极作用；分析师的预测结果往往更为准确，对未来的分析把控能力较其他参与者更胜一筹；分析师对企业信息的分析可以有效帮助投资者进行投资决策，他们推荐的股票往往能够获得更高收益，这些都体现了分析师对资本市场的正面价值所在。但是，鲜有关于分析师识别政府采购的研究。因而，分析师能否识别政府背景大客户的采购订单对于企业影响值得本书进一步探讨。

同时，企业在审计费用上的差异一直都是实务界与学术界感兴趣的现象，据统计，A 股上市公司中审计费用最高的前 1% 企业贡献了整个市场超过四分之一的审计费用，这说明了不同企业间审计费用的巨大差异。鲍尔、贾亚拉曼和希瓦库玛（Ball，Jayaraman & Shivakumar，2012）从公司规模、业务复杂度、公司治理、诉讼风险等企业特征和事务所规模、声誉、行业专长等事务所特征对审计费用的影响因素展开了一系列研究，较好解释了公司审计费用间的差异。然而，从供应链的角度来研究审计费用的差异尚处于起步阶段，仅有的部分成果也大多聚焦于客户集中度（王雄元等，2014）等整体特征，尚未深入到客户的具体信息层面来展开分析。在供需关系日渐紧密、相互依存度不断加深的大背景下，企业与大客户间往往荣辱与共、牵一发而动全身，本书即从客户性质的角度出发，分析企业对具有特定特征客户的依赖是否会对审计费用产生影响，这种影响如何作用于审计费用进行研究。以政府、国企为代表的政府背景大客户，会对企业产生何种影响，这种影响如何作用于审计费用，也是我们所要关注的。

1.2 研究内容与研究框架

1.2.1 研究内容

为研究政府采购政策如何影响企业，本书从供应链传递的视角下，分析中国国情下政府背景的客户群体对企业的分析师预测行为与审计费用的影响，将宏观政策影响与微观市场反应进行有效结合。

为探讨政府采购对分析师预测评级行为的影响问题，本书的研究围绕两个主要方面展开。第一，鉴于获得政府背景大客户采购订单的企业是具有竞争实力和发展前景的，因此分析师在识别企业获得政府背景大客户采购订单的信号后，可以同时做到"看清趋势"与"看准现状"，进而对获得越多政府背景大客户采购订单的企业作出投资评级越高、准确度越高、分歧度越低的预测。第二，考虑到采购订单的不同特性与企业特征的差别均会对本书的研究结论产生影响，本书从以下两个方面进行了对比研究。其中，在采购主体的层级上，发现相较于地方层级的政府背景大客户采购订单，中央层级的政府背景大客户采购订单更有助于提高分析师的投资评级与预测准确度、降低其预测分歧度。在订单的稳定性上，发现相较于偶发性的采购订单，具有稳定性的政府背景大客户采购订单更有助于提高分析师的投资评级与预测准确度、降低分歧度。而在企业的所有权属性上，本书的研究还发现，相对于国有企业，民营企业获得政府背景大客户采购订单更有助于提升分析师的投资评级与预测准确度，降低预测分歧度。

进一步，为研究政府采购对分析师预测评级的影响机制，本书尝试从多个主要方面分析政府背景大客户采购订单如何影响分析师预测行为，探讨可能存在的影响渠道，实证结果发现，首先，宏观分析师的存在可以更好帮助个股分析师解读政府背景大客户采购对企业的正面影响；其次，另外政府背景大客户采购比例越高，企业的盈利增长往往越稳定，企业的市场估值往往越高，且企业的盈余质量往往越高，这些都能较好帮助分析师更准确作出分析判断。

为研究政府采购对企业审计费用的影响，本书通过检验发现政府背景大客户的存在有助于降低企业的审计费用，与此同时，稳定性越强、层级越高的政府背景大客户可以更好帮助企业获得越低的审计收费，且这一关系在融资约束程度较高的企业当中尤为明显。更进一步地，本书还探究了这一关系存在的影响路径，发现政府背景大客户的存在可以有效降低企业的审计风险，进而影响其审计费用。

1.2.2 研究框架

本书研究框架具体如下：

第 1 章为绪论，介绍本书的研究背景和研究问题，在新时代的背景下，围绕宏观政策与微观市场的交叉领域，确定研究内容与结构框架，介绍总结本书的研究结论、研究意义和研究方法。

第 2 章为理论基础与文献回顾，在制度背景方面系统介绍了以下三个方面的内容：政府采购的文献研究、分析师的文献研究和审计风险的文献研究，整理总结了相关理论。在此基础上，为后文的实证研究提供制度背景和理论基础，并引申出本书后续的研究问题和研究假说。

第 3 章梳理了政府背景大客户采购的政策与执行情况。通过手工收集并整理出政府背景大客户采购数据，描画受政府采购政策影响的企业信息画像。具体包括政府背景大客户的订单特征，有订单时长和订单层级等，以及获得政府采购的企业画像，包括所有权性质、行业、年度等。

第 4 章实证研究了政府背景大客户采购订单的特征对分析师预测行为的影响，具体包括两个内容。第一，能否"看准现状"，即对获得政府背景大客户采购订单越多的企业，分析师的预测是否越准确，分歧度是否越低。第二，能否"看清趋势"，即，对获得政府背景大客户采购订单越多的企业，分析师能否给出更高的投资评级。进一步，围绕采购订单的特征（订单层级、订单稳定性）分析采购订单对分析师预测的提升效果。

第 5 章实证研究了政府背景大客户采购订单对分析师预测行为的影响机制，探讨可能存在的影响渠道，具体包括是三个角度。第一，获得订单企业的所有权性质，探究分析师的预测是否受企业所有权性质的影响。第二，同券商的宏观分析师帮助，分析宏观分析师的存在是否帮助个股分析师解读政府背景大客户采购对企业的正面影响。第三，企业的盈利能力、市场估值和盈余质量，研究获得政府背景大客户采购订单的企业在以上几项的表现是否帮助分析师作出分析判断。

第 6 章实证研究了政府背景大客户订单对企业审计费用的影响，具体包括三个方面。第一，订单采购主体的层级，探究订单层级对企业审计费用的影响。第二，采购订单的稳定性，研究采购订单时长能否帮助企业获得更低的审计费用。第三，融资约束程度，从企业所处的融资压力的角度，分析政府采购订单对审计成本的降低作用是否存在差异。进一步地，从审计风险的视角出发，探究政府背景大客户的存在对审计费用的影响机制。

第 7 章为研究结论与展望。本章对前面的实证研究结果进行了概括和总结，以期帮助各利益相关主体解读上市公司获取政府背景大客户采购订单的信息含量，并对政府采购政策提出相应的建议。同时，总结本书尚存的研究局限，探讨未来的研究方向。

1.3 研究方法与研究意义

1.3.1 研究方法

本书在总结和梳理前人研究成果的基础上，以系统科学的研究方法论，结合经济学、管理学等多学科交叉的研究经验和理论，采用回归统计与数理模型，进行定量分析，考虑到稳健性问题，用积分匹配、倾向度等方法进行检验，科学分析了我国政府采购对上市公司的分析师预测与审计费用等问题的影响因素与经济后果。本书研究方法具体包括以下几种研究方法：

（1）文献分析法。通过梳理前人学者的研究成果，奠定本书的理论基础，密切追踪国内外分析师、审计师、政府采购等领域的研究与资料，结合理论与实践中尚存的问题，归纳提炼文书的研究问题，并为本书的各章节研究内容提供研究逻辑与支撑。

（2）实证研究法。本书的研究围绕我国上市公司的年报数据为研究数据样本，通过构建回归模型与度量变量，分析研究政府采购与上市公司的分析师预测、审计收费等问题的相关影响因素，进一步深入探讨影响机制与经济后果，从不同层级、时间等角度进行异质性的实证检验。

（3）比较研究法。围绕本书的研究问题，在分析讨论过程中采用比较方法深入挖掘我国上市公司在政府采购政策下的相关表现，进而对企业内在估值和审计风险产生影响，从而在大量的客观事实中总结归纳内在联系与运作机理。

1.3.2　研究意义

综合上述，本书的研究发现能帮助读者更好认识政府背景客户对企业的影响，本书的贡献体现在以下四个方面。

首先，从拓展研究领域方面，不同于客户集中度与政治关联的研究思路，本书首次从上市公司的客户性质的角度，研究了中国国情下政府客户群体对分析师预测行为与企业审计费用的影响，将宏观政策影响与微观市场反应进行有效结合，为政府采购政策的相关研究提供了崭新视角。

其次，本书探究政府背景大客户采购订单的特征对分析师预测行为的影响，尤其是从采购主体的层级与订单的稳定性出发，验证了订单的稳定性等如何促进企业发展。

再次，本书的研究对投资者解读上市公司获取政府背景大客户采购订单的信息含量具有重要启示作用，并揭示了宏观政策对市场第三方的影响渠道与机制。

最后，本书探讨政府背景大客户的特征对审计费用的影响，尤其是从采购主体的层级与客户的稳定性出发，验证了订单来源的稳定性等如何促进帮助企业降低审计成本。通过审计风险的路径揭示了政府背景大客户的存在如何影响审计收费，是对供应链金融研究文献的重要补充，对新常态下我国资本市场的发展有着重要借鉴意义。

第2章

理论基础与文献回顾

2.1 政府采购的文献综述

2.1.1 政府采购的经济后果

政府背景客户的采购活动作为政府干预经济的手段之一，其采购对象与订单分配也体现出较强的政策导向，能为企业的健康、平稳发展提供资源，形成所谓的"扶持效应"。迄今为止，已经有大量的研究关注各类传统政府干预手段对经济的影响，但对政府补贴等政策的实施效果上仍存在较大的认识冲突与矛盾，伯格斯特龙（Bergström，2000）以及泽勒皮斯和斯库拉（TzelePis & Skuras，2004）发现它们很多时候并不能有效促进企业的发展，反而还会导致大量隐患问题的出现（陈晓和李静，2001；逯东等，2012）。政府背景的采购活动不同于传统的政府扶持手段，它并不是一种单纯的资金或政策支持（阮征等，2010；刘京焕等，2013；李方旺，2015；姜爱华和朱晗，2018）。

作为需求端的一种政府干预方式，政府类采购在体现国家政策导向的同时也要求能满足自身产品服务需求，因此对企业的产品生产与质量把控等环节都有标准要求，并通过公开招标、定期考核等方式具体落实。这种类型的采购实质上兼具政策扶持与满足需求两大功能，而非单纯的政策补贴或客户关系，对企业能形成一种鞭策或督促的力量，防止传统政府扶持过程中出现的所谓"单向输血"以及"僵尸企业"的问题（王红建等，2014；赵璨等，2015），有利于企业在发展壮大过程中形成良性循环。与此同时，达利瓦尔、贾德、瑟夫林和谢赫（Dhaliwal，Judd，Serfling & Shaikh，2016）发现政府背景客户还具有天然的低风险、高需求等特点（刘云等，2017），其采购订单通常有国家信用的保障，有力确保了企业未来收入的实现与经营的安全。因此本书预计，政府背景客户的采购更类似于一种造血式的间接扶持方式，通过产品端的采购来刺激企业不断进取，可以有效克服传统政府干预手段潜在的不利影响，更好地对企业发展起到"扶持效应"，降低企业销售活动面临的不确定性。

2.1.2　政府采购与供应链客户

一般来说，企业客户关系对企业发展的影响是一柄双刃剑，需要结合特定环境具体考虑，而中国制度环境下的政府背景客户对市场认知有着独特的影响形式。政府背景部门以客户形式参与到企业的发展过程中，可能导致企业在供应链上受益于与此类大客户的资源合作，良好的政企客户关系降低企业发展运营面临的各项风险。

政府背景的客户不同于普通企业客户，来自政府背景客户的采购订单作为需求端的一种政府干预手段，通常着眼于鼓励企业生产高标准、符合社会需求的产品，在满足产品服务需求的同时也要体现国家政策导向，因此这种类型的采购实际上兼具政策扶持与满足需求两大功能，而非单纯的买卖客户关系。与此同时，科恩和李以及达利瓦尔、贾德、瑟夫林和谢赫（Cohen & Li，2016；Dhaliwal，Judd，Serfling & Shaikh，2016）研究发现由于以政府大客户为代表的政府背景客户通常有国家信用作支撑，通常具有风险较低、需求稳定的特点，能够为企业的发展提供稳定且更高的收入来源，且来自政府背景客户的采购订单具有很鲜明的政府扶持色彩，目的是促进经济发展与企业成长，并非像企业客户那般过于注重于经济利益与短期得失。因此传统企业大客户潜在的"风险效应"在政府背景客户身上较少得以体现，反倒是企业可以更多地透过构建政府背景客户关系从这类型的大客户身上获得持续稳定的资源支持，形成"收益效应"。另外，经济学者戈斯曼、凯莉、奥尔森和沃菲尔德（Gosman，Kelly，Olsson & Warfield，2004）发现稳定客户有利于稳定供应链，进而使得企业具有更高收益和收益稳定性。

2.2　分析师预测的研究综述

证券分析师是证券资本市场交易中重要的参与者，具有较大的影响。分析师的评级在投资者进行投资决策的时候有着重要的参考价值。分析师发挥着缓解企业与外部利益相关者信息不对称的重要作用，外部利益相关者根据分析师发布的盈余预测，进而做出正确的投资决策。

2.2.1　分析师评级及调整的经济后果

孔东民认为分析师评级确实能够影响投资者的交易行为，投资者买入或卖出的行为和证券分析师发布的评级情况显著正相关（孔东民等，2019）。分析师乐观评级及调级通过影响投资者情绪变化作为中介传导从而引起价格向上的资产误定价扩大，价格向下的资产误定价减小（李倩等，2018）。与此同时，分析师的评级调整方向所带来的影响也具有鲜明的方向性，分析师荐股评级上调或下调的幅度越大，基金买入或卖出该股票的羊群行为程度越强烈，且下调的影响更强烈（丁乙，2018）。融资融券市场存在基于分析师评级调整的提前交易现象（曹新伟等，2020）。特别是在宏观经济形势不确定时，分析师上调评级在经济形势不好时比经济形势好时更具有参考价值，但是下调评级的参考价值在不同经济形势下差异不显著（王春峰等，2015）。

除了影响市场参与主体的投资行为，分析师评级对于公司具有监督作用，为了维持高评级，避免并购不当可能引起的评级下降，企业的并购决策会更加谨慎（翟玲玲和吴育辉，2018）。

实际上，分析师评级受到不同因素的影响，其中也应当包括公司内部治理的相关数据。分析师评级跟企业的管理也有一定联系，分析师评级高低与盈余管理程度在静态条件下负相关（李春玲和邵将，2013）。其余的文献主要关注分析师评级的乐观偏差的影响，还有分析师的盈余预测和个体行为分析。还有部分研究关注分析师声誉的影响结果，发现明星分析师上调评级日股票超额收益与之前10日内的股票流动性负相关，与之前10日内股票的异常融资买入量正相关，而分析师与其之间并不存在显著相关性（李颖等，2017）。

2.2.2　分析师的预测能力

关于分析师提供准确预测的动机，学者发现预测不准确的分析师更有可能被解雇，更不可能被提升。类似地，欧文（Irvine，2004）发现预测准确性和薪酬之间有积极的关联。事实上，分析师的预测表现不同与三个方面有关，包括所在券商、个人能力和追踪公司特征等。学者科塔里（Kothari，2001）证实了不同分析师之间存在的预测准确性差异的来源。

研究表明，分析师的分析能力与个人的相关因素有关，相关因素分为先天的"天赋"，以及后天的学习。个人特征，即个体的一些基本层面因素，一般来说，个体基本因素反映了基金经理的个人能力，包括以下基本因素：经理姓名、籍贯、年龄、性别、受教育程度、从业时长、从业任期、专业资格等。国内学者通过分析审计师的个人特征与其审计报告质量的关系，从审计师的年龄、文化程度、性别、职级、经验等多个角度进行分析（叶琼燕，2011）。

个人特征之中，学者发现，性别因素与预测能力密切相关。分析师自身特征和券商层面的因素会导致分析师的预测准确度存在不同，比如性别等因素（樊铮，2010）。库默（Kumar，2010）研究表明，性别因素对分析师预测能力产生较大影响，女性分析师在自身关注度不高的细分领域的预测能力相较于男性则更加准确，更易选为明星分析师；同时研究还表明，股票市场中参与者也发现了性别因素在分析师技能上的差异表现。女性分析师预测更加准确，而市场可以识别不同性别分析师的预测差异。

同时，工作经验和后天学习会提升分析师的预测能力。通过研究分析师以往对追踪公司的预测发布频数和努力程度，米凯尔等（Mikhail et al.，1997）发现分析师预测准确度与分析师从业经验存在相关关系。进一步研究表明，分析师盈余预测准确度与其特定公司经验呈正向相关性。基于前文的描述，可知，券商内部的宏观分析师和分析师可以通过多种渠道沟通信息。分析师通过加强与宏观分析师的沟通，不断学习成长，其盈余预测准确度也会潜移默化地提高。

但也有学者认为，个人特征并不能解释预测准确度的不同。管总平（2012）对个人特征与预测准确度关联关系进行了深入研究，特征变量包括了分析师性别、教育背景、从业经验、明星等关键因素，发现可观察到的分析师个人特征与其预测能力的相关关系不足以解释分析师的预测差异。同时，不同的个人特征在解释分析师预测差异方面是不同的。其中，相较于学历和经验的影响，信息收集途径与分析师的预测相关关系最大，会显著分析师的预测准确度和信息质量（胡奕明，2005）。

2.2.3　分析师的推荐分布

分析师是资本市场中的重要信息中介。巴伯等（Barber et al.，2001）和布朗等（Brown et al.，2015）的文献中发现他们的建议具有投资价值并影响公司决策。与此同时，科温等（Corwin et al.，2017）分析师面对着众所周知的利益冲突，这导致他们的报告具有偏差，从而限制他们研究的信息量。研究表明，分析师面临着各种各样的利益冲突。林和麦克尼科尔斯（Lin & McNichols，1998）发现，分析师发布乐观偏好的预测和推荐从而吸引投资银行客户。考英等（Cowen et al.，2006）研究发现分析师的预测偏好与券商的薪酬激励有关。布朗等研究发现（Brown et al.，2015）乐观偏好的盈余预测可能是由于分析师为了讨好公司管理层从而获取私有信息导致的。

在不同分析师所建立的投资组合中，其对追踪公司的建议分布可能为投资者提供有关信息，这样的预测被称为分析师的客观预测。反之，如果分析师的投资建议组合中分布了过多的买进建议，投资者可能会降低对该分析师建议的追随。因此，分析师有足够的激励去管理他们的投资建议分布，以保持他们取得的投资者的信赖。

分析师面临的利益冲突会对市场参与者产生不利影响，特别是如果投资者在进行投资决策时充分依赖分析师报告。德弗兰科等（De Franco et al.，2007）发现当分析师发布有偏好的预测和投资建议后，资本市场上的资金最终从个人投资者转向机构投资者。当然，监管者已经意识到这会导致，一方面对投资者造成损害，另一方面也使得分析师的信息中介作用减弱。事实上，我国已加强法规，要求分析师保持客观性并试图解决利益冲突。

同时，一方面，分析师发布购买的投资建议可能是有益的。如上所述，布朗等（Brown et al. ，2015）发现，分析师面临足够的激励发布买进投资建议和乐观预测。另一方面，分析师发布购买的投资建议可能是有偏的。如果投资者在选择特定推荐交易时评估了分析师建议的整体分布，那么当分析师得知自己的整体投资组合被视为乐观偏见，分析师可能会面临再发布一个购买建议的成本，从而对发布购买建议变得犹豫，尽管该股票足够值得推荐。而事实上，券商公司的管理层可能会充分关注投资者的看法或监管关注，以便为分析师提供有关其评级分布的指导和反馈。

2.3　审计费用研究综述

2.3.1　审计费用的影响因素

审计费用的影响因素分布很广，相关的研究很早就从各个层面对这一问题进行了探讨。较有代表性的伍丽娜（2003）就总结认为审计费用由审计产品成本、风险成本、事务所正常利润三部分构成，类似的王雄元等（2014）也认为审计费用主要取决于审计师的工作负荷与审计风险两大因素，这些都说明当企业的风险较低、工作量较小时，审计费用也随之较低。其他的一系列研究也基本上沿用了西蒙尼奇（Simunich，1980）的模型，大多从客户和事务所两个层面进行了研究。一方面，基于客户层面的研究大多发现，被审计单位的资产规模和子公司个数是影响审计收费的两大主要因素，此外财报内容、公司治理、内部控制、媒体关注以及企业所处的竞争环境也是重要影响因素（蔡吉甫，2007；张宜霞，2011；宋衍蘅，2011；伍利娜等，2012；邢立全和陈汉文，2013；刘启亮等，2014）；另一方面，基于事务所层面的研究则从审计意见、区域因素、声誉机制、处罚事件以及宏观环境也展开了相应探讨（张宜霞，2011；刘笑霞，2013；张天舒和黄俊，2013），佐证了它们对审计定价机制的影响。

2.3.2　审计费用与供应链客户

随着近几年供应链理论的日臻完善与供应链金融概念的兴起，学术界开始把目光延伸到被审计企业的利益相关方如何影响审计费用上，尤其是企业的客户群体。戈斯曼、凯莉、奥尔森和沃菲尔德（Gosman，Kelly，Olsson & Warfield，2004）以及金姆和韦默洛夫（Kim & Wemmerlov，2015）发现作为市场经济的主体，企业的客户关系直接影响它们的经营活动、成本结构与盈利水平，客户关系既有可能通过加强供应链整合来降低审计费用，亦可能暗含风险从而提高审计费用。

现有研究发现，随着供应链成员之间的依赖程度加强，供应商与客户之间常常呈现两种状态：以合作为主和以竞争为主，从而出现了"收益效应"和"风险效应"两种对立的观点。"收益效应"强调供应链成员之间的合作能够增加由信息共享、协作与信任，从而潜在增加企业价值。约翰逊等（Johnson et al.，2010）以及帕塔托卡斯（Patatoukas，2012）发现具体表现在客户可促使企业提高管理效率，降低销售费用，实现更好的长期业绩，带来较高的现金流收益与较稳定营业收入，因而能降低企业面临的风险。

因而，大客户的存在有助于稳定企业的供应链，拥有大客户的企业将获得更高的收益并且较为稳定。而"风险效应"则认为拥有议价优势的大客户也可能迫使企业让步，影响其财务状况，使其业绩变差，降低其现金流收益。因此，凯尔和沙赫布尔（Kale & Shahrur，2007）以及王（Wang，2012）发现，同一个或几个主要客户保持长期的客户与供应商关系可能会使企业付出较高的成本，并面临较大的决策风险与经营风险。

2.3.3　审计费用与审计风险

国内外主流文献大多将审计风险细分为三大类，尼克森和萨尔斯特罗姆（Nikkinen & Sahlstrom，2004）以及邢立全和陈汉文提出第一类细分风险为经营风险（邢立全和陈汉文，2013），莱昂和马厄（Lyon & Maher，2005）提出第二类细分风险为舞弊风险，塞塔拉曼等（Seetharaman et al.，2002）提出第三类为诉讼风险。上述风险越高，审计收费也越高，而国内以陈宋生和田至立（2019）为代表的研究也认同这一观点。审计收费作为风险、投入等一系列因素的综合产物，既体现了审计师预期的审计资源投入，又反映着审计师对因潜在审计风险而要求的风险补偿。贝蒂（Beatty，1993）就发现被审计客户的财务状况越差，审计师承受的诉讼风险越大，因而向客户要求的或有诉讼保证金与审计费用越高。

2.4　本章小结

本章围绕政府采购、分析师预测与审计费用的相关文献、研究成果和进展进行了系统的梳理分析。通过回顾文献可知，投资者依赖个股分析师的研究报告、股票推荐、收益预测和其他财务报表项目作为信息来源，为投资决策提供依据，而分析师需要考虑从宏观到行业到公司层面的各种信息。这为本书后续的研究奠定了文献基础。

综上所述，基于目前国内外的研究成果，政府背景大客户采购的研究仍存在值得探究的问题。因此，有必要对政府背景大客户订单对分析师预测的影响这一问题进行深入的实证研究，为本书的实证研究的必要性提供支持。

第 3 章

政府背景大客户采购

3.1 政府背景大客户采购的概念

中国改革开放四十多年的辉煌发展，尤其是民营经济的蓬勃崛起，毫无疑问表明政府干预的存在有其合理的一面。以往国内的研究重点多关注于政府补助、税收贷款等传统政府干预手段（娄贺统和徐浩萍，2009），对新兴的政府采购行为却明显缺乏了解。习近平总书记明确要求在经济发展过程中应更好发挥政府作用，深化体制改革，助推国民经济发展，因此关注政府背景客户群体的作用有助于本书从新的视角了解政府干预对资本市场与企业运营的影响。

在我国，除了政府大客户外，国有企业作为党和国家调节经济的重要工具，一方面在人事组织关系上接受各级国资委的直接领导，另一方面除了经济职能，国企往往还会身兼很多的社会责任（王文成和王诗卉，2014），如保障就业、维护稳定等，因而它们的经营决策也体现出较强的政策导向。政府采购，具体包括采购主体为各级党、政、军部门及政府事业单位的采购订单。

同时，考虑到国有企业的重要经济意义与贡献，诚然政府大客户与国有企业在性质与职责上存在天然差异，但在政府为主导的中国市场上，为了更全面探讨、了解政府之手如何通过订单采购的模式影响企业，本书研究中将国有企业纳入，一起组成政府背景大客户。故而，在探究以政府采购为主的政府背景大客户采购时，定义政府背景大客户为国有企业及政府大客户，即采购主体包括各级党、政、军部门，政府事业单位及国有企业的采购订单。

3.2 政府背景大客户采购的政策制度

不同于传统的企业客户，政府背景大客户的经济行为很大程度上代表了国家意志的导向，在满足实际需求的同时，又可能会受到政策因素的影响，因此政府背景大客户的采购实质上是一种介于市场交易行为与政府扶持行为之间的特殊干预手段，兼具政策扶持与满足需求两大功能，而非单纯的政治关联或客户关系。① 政府背景大客户依靠国家信用与财政力量，有着稳定庞大的产品需求，并有着普通企业无法比拟的低风险优势，这种需求上的安全可靠可以有效透过供应链的风险传递机制影响企业的经营，降低产品供应商面临的不确定性因素。而审计费用的决定因素恰恰涉及风险溢价与审计工作量（陈宋生和田至立，2019），政府背景客户的低风险特点

---

① 《中华人民共和国政府采购法》："政府采购应当有助于实现国家的经济和社会发展政策目标，包括保护环境，扶持不发达地区和少数民族地区，促进中小企业发展等。"

能有效实现企业审计风险的降低，进而作用于审计费用层面。统计数据表明，自 2003 年政府采购法实施以来，以政府为代表的政府背景客户在采购规模、采购范围和政策效果等方面都有了长足的发展，但在订单规模与占 GDP 比重上都较欧美发达国家存在差距，这些也都说明政府背景客户对中国经济的影响还有着相当大的增长潜力。

我们要坚持新发展理念，毫不动摇巩固和发展公有制经济，毫不动摇鼓励、支持、引导非公有制经济发展，使市场在资源配置中起决定性作用，更好发挥政府作用。与政府补贴不同，政府采购通过公开招标、竞争性谈判等方式，可以促使企业不断提高产品质量、服务质量和企业竞争力。《关于我国物流业信用体系建设的指导意见》（2014）强调"政府采购要优先购买诚信企业的产品和服务"，获得政府背景大客户采购订单的企业必是具有诚信的企业。因而，政府背景大客户采购不仅满足了政府正常运转中对货物、工程和服务的需要，还促进了经济持续健康发展。同时，政府采购实行集中采购①和分散采购相结合的方式。据统计，在我国的政府采购中，集中采购占了很大的比重，列入集中采购目录及一定采购金额以上的项目必须进行集中采购；而有能力获得政府背景大客户采购订单的企业，其产品质量、服务质量和声誉质量是具有竞争力的。综上，政府采购是针对企业的"造血式"扶持手段，可以从销售、产品端助力企业发展。

李馨子（2015）的研究中将政府补助分类为偶发型、政策型以及项目型三大类，并发现持续性不同的政府补助对企业的盈利水平

---

① 集中采购模式，是指由一个专门的政府采购机构负责本级政府的全部采购任务。

影响不一致。与之类似,政府背景大客户的采购订单也同样存在持续性的差别,部分企业凭借优异的产品质量或者良好的政商关系获得稳定持续的政府背景订单,而另一些企业则只能偶然获得政府背景客户的订单且难以为继。相对而言,稳定的政府背景订单说明政府背景大客户是企业业绩的重要来源之一,能够持续发挥政府大客户、国有企业采购对企业的影响;而零星偶然的政府背景订单并不能构成企业稳定持续的销售来源,说明政府背景客户对这些企业而言并非稳定持久的客户群体,因此它们对企业的促进作用难以维系。戈斯曼、凯莉、奥尔森和沃菲尔德(Gosman, Kelly, Olsson & Warfield, 2004)研究发现,稳定客户有利于稳定供应链,进而使得企业具有更高收益和收益稳定性。

3.3 政府背景大客户采购数据库

本书利用网络与手工收集的方式,收集 2007～2015 年上市公司年报中披露的前五大客户信息数据,从而构建政府背景大客户采购数据库。

通过手工整理,将 A 股上市公司年报中披露的前五大客户信息与国家企业信用信息公示系统披露的企业所有权信息结合,追溯分析后得到企业获得政府背景大客户采购订单的情况。由于上市公司年报中并不强制披露具体的客户信息,且 2007 年之前绝大部分企业都选择不披露详细的客户信息,直到 2007 年之后自愿披露客户信息的企业才逐年增加,因此本书的研究样本涵盖范围是 2007～2015 年年报数据。本书通过年报中披露的客户信息，结合国家企业信用信息公示系统①披露的公司股东出资信息与企业类型数据，准确追溯公司客户中的国有控股企业与政府机构信息，从而匹配确定其中的政府背景大客户。

表 3－1 至表 3－4 反映了政府背景大客户采购数据库的分布情况。正如前文所言，由于政府背景大客户采购的主体包括各级国家机关、事业单位和团体组织，因此，本书将政府背景大客户采购指标从两个维度来衡量，即政府大客户采购和政府背景大客户（包含国企、政府）采购。表 3－1 从客户性质来进行了统计，其中采购主体是政府大客户的有 774 个观测，采购主体是政府背景大客户的有 4394 个观测，而超过九成的企业都有来自外企和民企的客户②。

表 3－1　　　　　上市公司获得政府采购的客户性质分布情况

客户性质	样本数（个）	占样本比例（％）
政府大客户	774	11.75
政府大客户及国有企业	4394	66.71
其他企业（外企、民企）	6155	93.46
总样本量	6586	——

从行业分布来看，2014 年国务院常务会议针对"推进政府向社会力量购买公共服务，部署加强城市基础设施建设"等方面指出

———————

① http：//gsxt.saic.gov.cn/。
② 由于部分企业的客户同时包含了政府、国企以及私企外企等，故表 3－1 中的比例统计之和超过 100%。

"创新方式，提供更好的公共服务"，表明政府加快职能转变，为满足人民需求的日益丰富，将有越来越多产品和服务通过政府购买来实现，因而政策也呈现了明显的行业特征。

表3-2分行业说明了上市公司获得政府采购的情况，本书发现获得政府背景大客户采购订单最多的是制造业，占比62.12%；信息传输、软件和信息技术服务业排名第二，占比6.48%；电力、热力、燃气及水生产和供应业排名第三，占比5.74%。

表3-2　　　　　上市公司获得政府采购的行业分布情况

行业	样本数（个）	占样本比例（%）
采矿业	252	3.83
电力、热力、燃气及水生产和供应业	378	5.74
房地产	283	4.30
建筑业	210	3.19
农、林、牧、渔业	101	1.53
批发和零售业	268	4.07
信息传输、软件和信息技术服务业	427	6.48
制造业	4091	62.12
其他	576	8.75
总计	6586	100.00

从表3-3年度分布来看，由于信息披露制度和相关政策的限制，2007年和2008年观测值比例较低，从2009~2015年观测值数量较稳定。

表 3-3　　　　　上市公司获得政府采购的年度分布情况

统计年份	样本数（个）	占样本比例（%）
2007 年	75	1. 14
2008 年	160	2. 43
2009 年	681	10. 34
2010 年	881	13. 38
2011 年	1069	16. 23
2012 年	1265	19. 21
2013 年	1168	17. 73
2014 年	609	9. 25
2015 年	678	10. 29
汇总	6586	100. 00

　　而从获得政府背景大客户采购订单的持续时间来看，表 3-4 的统计结果表明政府背景大客户采购订单呈现比较稳定的趋势，其中56.08% 的企业持续时间为 4~6 年，甚至有 13.71% 的企业持续时间为 7~9 年。

表 3-4　　　　　上市公司获得政府采购的时长分布情况

采购时长（年）	公司数（家）	占样本比例（%）
［1，3］	452	30. 21
［4，6］	839	56. 08
［7，9］	205	13. 71
总样本量	1496	100

表3-5描述了所有权性质与政府背景大客户采购的分布情况。数据显示，获得政府大客户采购订单的国有企业，其平均采购额占比为16.72%；获得政府大客户采购订单的民营企业，其平均采购额占比为4.90%。政府背景大客户采购订单的分布情况与之类似，即国企和民企之间有显著差异，说明国有企业较民营企业获得更多的政府大客户采购订单。

表3-5　　　　获得政府采购订单的上市公司所有权性质差异

订单来源	国企		民企		差异（国企-民营）（%）
	平均采购额占比（%）	样本数（个）	平均采购额占比（%）	样本数（个）	
政府大客户	16.72	537	4.90	237	11.82***
政府大客户及国有企业	30.98	3103	7.80	1291	23.18***

注：括号内为t值，***、**、*分别表示在1%、5%和10%的水平上显著。

表3-6介绍了订单特征与政府背景大客户采购的分布情况，在政府大客户采购订单中，采购主体是中央层级的订单，其平均采购额占比为4.17%；采购主体是地方层级的订单，其平均采购额占比为8.93%。政府背景大客户采购订单的分布情况与之类似，即中央层级和地方层级的采购订单之间有显著差异，说明更多的政府背景大客户采购订单是来自地方层级的采购订单。

表 3 - 6 政府采购订单的层级差异

订单来源	中央		地方		差异（中央 - 地方）（%）
	平均采购额占比（%）	样本数（个）	平均采购额占比（%）	样本数（个）	
政府大客户	4. 17	199	8. 93	612	- 4. 76 **
政府大客户及国有企业	9. 07	998	15. 10	4077	- 6. 03 **

注：括号内为 t 值，*** 、** 、* 分别表示在 1%、5% 和 10% 的水平上显著。

3.4 本 章 小 结

本章通过梳理政府背景大客户采购的政策与执行情况，构建政府采购信息的数据库，通过手工收集并整理出政府背景大客户采购数据，描画受政府采购政策影响的企业信息画像。从供应链的视角出发，在采购方的角度，刻画政府背景大客户的订单特征，有订单时长和订单层级等，以及在供应链下游方的企业角度，刻画获得政府采购的企业画像，包括所有权性质、行业、年度等，以此为依据，为本书的研究奠定基础。

第 4 章

政府背景大客户与分析师
预测的实证研究

　　本章将从理论与研究现状出发，运用实证研究的方法研究了政府背景大客户采购订单对分析师预测的影响，从上市公司的客户性质的角度，研究了我国国情下政府客户群体对分析师预测行为的影响，从而为政府采购这一财政支出的重要组成部分的宏观调控作用提供经验数据的支撑，将宏观政策影响与微观市场反应进行有效结合，为政府采购政策的相关研究提供了崭新视角。

　　本章共包括 5 个小节。第一部分为综述部分与提出假说，在梳理国内外理论分析的基础上，提出了本章节的研究假说；第二部分为研究主体，提出了本书的研究设计方案和实证数据来源；第三部分为结果分析，展示了描述性统计的相关结果，并对其进行了回归性分析；第四部分进行了稳健性检验，最后一部分对全章的研究结果进行总结。

4.1 政府背景大客户与分析师预测的研究现状与研究假说

4.1.1 政府背景大客户采购与分析师预测

证券分析师作为资本市场专业的信息中介，可以识别企业披露的信息。一方面，分析师可以针对公开信息进行专业解读；另一方面，证券分析师通过实地调研等方式广泛收集各种非公开信息。因而，学者黄、佩雷拉和王（Huang，Pereira & Wang，2017）通过证券分析师的分析与研究，可以减少上市公司的信息不对称；格利森和李（Gleason & Lee，2003）发现分析师加快了信息融入股价的过程，提高证券市场的有效性。分析师的盈利预测数据对投资者来说，是具有价值的（吴东辉等，2005）。在研究报告中，分析师会对公司进行盈余预测与投资评级，这是投资者买卖股票的重要参考依据。有学者发现，分析师发布的盈余预测修正和投资评级修正最具信息含量，能够显著预测公司未来的盈利能力和未预期盈余（张然等，2017）。

与此同时，也有大量的研究表明，上市公司披露的公开信息是分析师的重要信息来源（胡奕明等，2003）。分析师能够解读财务报告中的会计信息，包括非操控性应计（曲晓辉、毕超，2016）。同时，分析师也会通过参加新闻发布会和公司调研等获取信息，甚至管理层在业绩说明会上的正面语调，也会对分析师荐股评级及其变动有显著的正向影响（林乐、谢德仁，2017）。李和萨贝斯（Lee & So，2017）发现由于跟踪企业需要时间和注意力，分析师会更偏好业绩前景更好的公司。在法治政府建设的今天，政府采购作为政府主体参与市场活动的交易行为，彰显政府公信力。从声誉角度分析，企业一旦获得政府背景大客户采购订单即获得好的口碑，会努力维持其品牌质量和产品质量。因此，本书认为，分析师通过识别政府背景大客户采购订单信号后，"看准趋势"，对获得政府背景大客户采购订单越多的企业做出更高的评级预测。

由此，本书提出假设 H4 - 1。

H4 - 1：政府背景大客户采购比例越高，分析师的投资评级越高。

由于政府背景大客户采购能对企业产生正面的积极作用，在做出更积极的投资评级同时，分析师的预测准确度也很有可能受到影响。一方面，由于以政府客户为代表的政府背景大客户通常由国家信用作支撑，他们的经营发展更安全稳定，因此其订单也相对持续稳定，故政府背景大客户采购订单有助于减少上市公司经营风险与不确定性，进而减少了分析师做预测时面临的不确定性，有助于提升其预测精度；另一方面，政府背景大客户订单的获得体现了企业的发展潜力与产品优势，向市场传达了有力的积极信号，因此它们可以帮助市场关注者形成共识，减少了不同分析师做预测时的分歧与偏差。

有学者发现，上市公司信息披露的透明度对分析师的行为会产生影响，信息越充分，透明度越高，分析师的预测质量越高（方军雄，2007）。理论上，分析师预测的偏误与信息质量负相关，当上市公司披露的信息整体质量较高时，有助于降低分析师预测的分歧度（Brown，Hagerman，Griffin & Zmijewski，1987）。亦有研究发现，分析师是通过提高投资者对公司的认知度来提高公司基本面绩效的（Li & You，2015）。分析师倾向于关注行业龙头企业，并且追踪的分析师越多，对该公司的预测会越准确（Hameed，Morck，Shen & Yeung，2015）。因此，本书认为，获得政府背景大客户采购订单的企业通过披露信息，释放企业具有盈利能力和发展潜力的信号，分析师可以识别订单的信息含量，即"看清现状"。从而，对于获得政府背景大客户采购订单越多的企业，分析师的预测准确度较高，预测分歧度也越低。

由此，本书提出假设 H4 - 2。

H4 - 2：政府背景大客户采购比例越高，分析师的预测准确度越高，预测分歧度越低。

4.1.2　政府背景大客户采购订单特征与分析师预测

在我国，政府采购分为中央层级和地方层级的政府采购。属于中央预算的政府采购项目，其集中采购目录由国务院确定并公布；属于地方预算的政府采购项目，其集中采购目录由省、自治区、直辖市人民政府或者其授权的机构确定并公布。不同采购主体的采购规模也不尽相同。研究发现，地方政府财政行为对企业业绩产生影响（陈晓等，2001）。将政治关联进行层级区分后，相较于拥有中央政治关联，拥有地方政治关联对企业债务期限结构的影响更强

（李健等，2013）。同时，政府补贴在制度不完善时会出现倾向性。有学者发现，当制度较不完善时，地方政府会根据政治关联对地方企业进行政府补贴（余明桂等，2010）。

随着法规制度的陆续出台，政府采购也在逐步完善。当采购主体为中央层级和地方层级时，其采购流程和管理水平也有所不同。事实上，在中央层级的政府背景大客户采购不断接受更高层级、更广范围的监督与管理同时，其信息披露质量较地方层级的政府背景大客户采购信息披露质量更高；并且中央层级政府采购注重社会公平和办事效率。正是不同层级的政府背景大客户采购会对企业产生差异显著的市场影响，分析师在预测上市公司盈余状况时面临的风险与不确定性因素也大相径庭。相对于流程完善、管理合理的中央层级政府背景大客户采购，地方层级的采购可能存在采购流程走过场、招标环节不合理、监管略显不力等问题。采购主体为地方层级的政府采购订单可能会给企业的发展带来一些额外的负面效应，难以厘清对企业盈利能力的最终影响，因此势必也会对分析师的预测行为产生干扰。

由此，本书提出假设 H4 - 3。

H4 - 3：*相对于地方层级的政府背景大客户采购订单，中央层级的政府背景大客户采购订单更有助于提升分析师的投资评级与预测准确度，降低预测分歧度。*

有学者将政府补贴分为偶发性、政策性和项目性。据统计，其中偶发性政府补助占整个政府补助规模的 51.13%；不同特性的政府补贴对企业盈利水平的影响是不同的（李馨子，2015）。一方面，与政府补贴不同，政府采购的需求更显稳定。从总体上看，2012 ~

2016 年我国政府采购规模占财政支出的比例稳定在 11%，同期政府采购占 GDP 的比例为 3% 左右。另一方面，与政府补贴相似，企业获得政府背景大客户采购订单也呈现偶发和持续的差别。通过描述性统计可以看到，可能由于企业较好的产品质量、竞争能力获得稳定持续的政府采购订单，形成长期采购关系，也可能只是偶然获得一次订单，并不能形成稳定的采购关系。

事实上，盈余波动性对分析师预测有重要影响（岳衡，2008）；分析师倾向于关注低风险、收入波动小的公司（刘帅，2011）。稳定的政府背景大客户采购订单是企业收入较小波动的保障，也能为分析师的预测提供较稳定的分析环境，减少不确定因素与分析波动。在以上分析的基础上，本书提出假设 H4 - 4。

H4 - 4：相对于偶发性的政府背景大客户采购订单，稳定性的政府背景大客户采购订单更有助于提升分析师的投资评级与预测准确度，降低预测分歧度。

4.2 研究设计与样本选择

4.2.1 样本说明

如前文所述，本书采用的政府背景大客户采购数据通过手工整理而得，将 A 股上市公司年报中披露的前五大客户信息与国家企业信用信息公示系统披露的企业所有权信息结合，追溯分析后得到企业获得政府背景大客户采购订单的情况。由于上市公司年报中并不强制披露具体的客户信息，且 2007 年之前绝大部分企业都选择不披露详细的客户信息，直到 2007 年之后自愿披露客户信息的企业才逐年增加，因此本书的研究样本涵盖范围是 2007～2015 年年报数据。本书通过年报中披露的客户信息，结合国家企业信用信息公示系统①披露的公司股东出资信息与企业类型数据，准确追溯公司客户中的国有控股企业与政府机构信息，从而匹配确定其中的政府背景大客户。其他分析数据均来自 CSMAR 数据库和 WIND 数据库。

为了确保数据的完整性与可靠性，本书的研究对象须同时符合以下六点要求：（1）仅限于年报中披露了前五大销售客户信息的上市公司；（2）上市公司的客户企业股权结构清晰，可追溯控股股东；（3）删除前五大客户集中度低于 1% 样本；（4）2007～2015 年财务数据、分析师预测数据完整；（5）只保留每个分析师对各年度年报的最后一次预测值；（6）各变量上下去除 1% 极值。这里去除前五大客户集中度小于 1% 样本的原因在于当企业客户过于分散时，难以衡量单一类型客户对企业销售的影响。只保留每个分析师对各年度年报的最后一次预测值，主要原因是企业的销售是一个动态的累积过程，只有最靠近年报披露日做的预测才更有可能把上年度全年的客户情况更全面地予以考虑进分析师的预测报告中。通过以上的数据筛选，本书最终经手工整理获得 1496 家上市公司样本，共计6586 个公司年度观测值。

---

① http：//gsxt. saic. gov. cn/。

4.2.2　模型设计

（1）政府采购与分析师预测

在借鉴柯宾等（Ke Bin et al. , 2004）学者的模型基础上，选用模型 1 检验假设 H4 - 1 和假设 H4 - 2。假设 H4 - 1 主要检验政府背景大客户采购订单的背书效果，即检验分析师是否"看准趋势"，做出更高的投资评级。假设 H4 - 2 主要检验分析师能否通过识别政府背景大客户采购订单的信息来做出更准确的分析预测，呈现更低的预测分歧度，即"看清现状"。

$$\begin{aligned}
\mathrm{REC}_{i,t}/\mathrm{FD}_{i,t}/\mathrm{FE}_{i,t} = {} & \beta_1 + \beta_2 \mathrm{Procurement}_{i,t} + \beta_3 \mathrm{Sub}_{i,t} + \beta_4 \mathrm{Size}_{i,t} \\
& + \beta_5 \mathrm{PB}_{i,t} + \beta_6 \mathrm{ROE}_{i,t} + \beta_7 \mathrm{Shrhfd5}_{i,t} \\
& + \beta_8 \mathrm{Insthld}_{i,t} + \beta_9 \mathrm{StkVol}_{i,t} + \beta_{10}\mathrm{EarVol}_{i,t} \\
& + \beta_{11}\mathrm{Follow}_{i,t} + \varepsilon \quad\quad\quad （模型 1）
\end{aligned}$$

回归模型中各变量的含义如下：

被解释变量：

其中，分析师预测包括两个方面，"看准"，即分析师预测准确度、预测分歧度；"看清"，即投资评级。预测准确度的计算方法是，用第 t 期分析师每股盈余预测的均值与第 t 期每股盈余实际值的差的绝对值，除以第 t 期年末的股票收盘价而得。预测分歧度则是通过分析师每股盈余预测值的标准差除以年末的股票收盘价而得。投资评级采用的是第 t 期分析师对公司 i 的平均投资评级，按照CSMAR 数据库统一换算标准，将投资评级转换为以下五种类型：卖出 =1，减持 =2，中性 =3，增持 =4，买入 =5，平均而得。

REC 表示分析师投资评级，用第 t 期分析师对公司 i 的平均投资评级，按照 CSMAR 数据库统一换算标准，将投资评级转换为以下五种类型：卖出 =1，减持 =2，中性 =3，增持 =4，买入 =5。

FE 表示预测准确度，用第 t 期分析师每股盈余预测的均值与第 t 期每股盈余实际值的差的绝对值，并除以第 t 期年末的股票收盘价。

FD 表示预测分歧度，用第 t 期分析师盈余预测的分歧度，算法为分析师每股盈余预测值的标准差，并除以年末的股票收盘价。

解释变量：

模型 1 中 Procurement 为第 t 期政府背景大客户采购额占企业总销售额的比例。具体的回归分析中，Procurement 分别用政府采购（Gov）和政府背景大客户（State）来代表。由于，除政府机构的直接采购（Gov）外，国有企业作为公有制经济的重要组成部分，在帮助实现国家调节经济的目标中发挥着重要的作用。因此，将国有企业的采购与政府的直接采购加总构成政府背景大客户采购（State）。

Gov 表示政府采购比例，用第 t 期政府大客户（各级党、政、军部门及政府事业单位）的采购额占企业总销售额的比例。

State 表示政府背景大客户采购比例，用第 t 期政府大客户（各级党、政、军部门及政府事业单位）以及国有企业的采购额占企业总销售额的比例。

鉴于政府补助也是政府干预的手段，本书在李馨子（2015）等的研究基础上也构建了相应的控制变量，在控制变量中加入了公司同期获得的政府补助（Sub）。模型同时控制了公司层面的变量，包括公司规模（Size）、市净率（PB）、净资产收益率（ROE）、股权制衡度（ShrHfd5）、机构投资者持股比例（Insthld）、股票回报波动性（StkVol）、盈余波动性（EarVol）、分析师关注度（Follow）。具体变量的定义详见表 4 - 1。

（2）采购订单特征与分析师预测

在检验政府背景大客户采购订单对分析师投资评级的影响时，考虑采购主体的层级可能会影响结果，分为中央政府层级（Center）和地方政府层级（Local）进行研究；同时将订单按时长分为 4 类，最长的组为稳定性订单，最短的组为偶发性订单。在模型 1 的基础上进一步设计了模型 2。选用模型 2 检验假设 H4 - 3，选用模型 1 检验假设 H4 - 4。

$$
\begin{aligned}
REC_{i,t}/FD_{i,t}/FE_{i,t} = {} & \beta_1 + \beta_2 Procurement - Center_{i,t} + \beta_3 Procurement \\
& - Local_{i,t} + \beta_4 Sub_{i,t} + \beta_5 Size_{i,t} + \beta_6 PB_{i,t} \\
& + \beta_7 ROE_{i,t} + \beta_8 Shrhfd5_{i,t} + \beta_9 Insthld_{i,t} \\
& + \beta_{10} StkVol_{i,t} + \beta_{11} EarVol_{i,t} + \beta_{12} Follow_{i,t} + \varepsilon
\end{aligned}
$$

（模型 2）

回归模型中各变量的含义与前文相同，具体定义详见表 4 - 1。

表 4 - 1　　　　　　　　　　变量定义

变量符号	变量名称	变量定义
因变量		
RECit	分析师投资评级	第 t 期分析师对公司 i 的平均投资评级，按照 CS-MAR 数据库统一换算标准，将投资评级转换为以下五种类型：卖出 = 1，减持 = 2，中性 = 3，增持 = 4，买入 = 5

续表

变量符号	变量名称	变量定义
FEit	预测准确度	第 t 期分析师每股盈余预测的均值与第 t 期每股盈余实际值的差的绝对值，并除以第 t 期年末的股票收盘价
FDit	预测分歧度	第 t 期分析师盈余预测的分歧度，算法为分析师每股盈余预测值的标准差，并除以年末的股票收盘价
自变量		
Govit	政府采购比例	第 t 期政府大客户（各级党、政、军部门及政府事业单位）的采购额占企业总销售额的比例
Stateit	政府背景大客户采购比例	第 t 期政府大客户（各级党、政、军部门及政府事业单位）以及国有企业的采购额占企业总销售额的比例
控制变量		
Sizeit	公司规模	第 t 期期末总资产的自然对数
PBit	市净率	第 t 期权益总市值除以第 t 期权益账面值
ROEit	净资产收益率	第 t 期的净利润除以第 t 期的净资产
Shrhfd5it	股权制衡度	第 t 期期末第二至五大股东持股比例平方和的自然对数
Insthldit	机构投资者持股比例	第 t 期期末机构投资者持股比例
StkVolit	股票回报波动性	第 t 期年内每日股票回报率的标准差
EarVolit	盈余波动性	最近三年净利润的标准差
Followit	分析师关注度	第 t 期对公司 i 进行跟踪分析的分析师团队数量的自然对数
Subit	政府补助	第 t 期期末政府补助总额除以第 t 期期末总资产

4.3　实　证　结　果

4.3.1　描述性统计

表 4 - 2 列示了各主要变量的描述性统计。从中可以发现，分析师对上市公司的平均投资评级为 4.02，即主要以"增持"的投资评级为主，结合我国分析师投资评级的现状与之前的研究文献，如赵良玉等（2013）与全怡等（2014），这一数据也比较符合行业的实情；而样本中分析师的预测准确度与预测分歧度在分布上都有较大差异，这也为本书的分析研究留下了空间。与此同时，在获得政府大客户（政府背景大客户）订单的企业样本中，政府大客户（政府背景大客户）订单占企业销售额的平均比例超过 13%（24%），足以可见政府客户对企业的影响力不容小觑。另外在政府补助这一块，上市公司平均获得政府补助的总额约占总资产的 1%。同时，上市公司平均每年有 2.6 位分析师跟踪。

表 4 - 2 　　　　　　　　　　变量描述性统计

变量名	均值	样本数（个）	标准差	25%	中位数	75%
REC	4.024	6586	1.097	4	4	5
FE	0.020	6586	0.027	0.006	0.023	0.029

变量名	均值	样本数（个）	标准差	25%	中位数	75%
FD	0.013	6586	0.016	0.004	0.015	0.018
Gov（%）	13.101	774	16.192	2.857	6.483	16.370
State（%）	24.174	4394	22.549	7.954	15.456	33.262
Subit	0.011	6586	0.019	0.002	0.005	0.012
Sizeit	21.902	6586	1.836	20.643	23.079	25.114
PBit	3.776	6586	3.520	1.608	3.152	4.838
ROEit	0.093	6586	0.108	0.038	0.097	0.146
Shrhfd5it	0.311	6586	0.028	0.223	0.307	0.342
Insthldit	0.185	6586	0.244	0.087	0.209	0.311
StkVolit	0.234	6586	0.197	0.087	0.194	0.303
EarVolit	0.036	6586	0.008	0.027	0.033	0.040
Followit	2.623	6586	1.093	1.792	3.020	3.466

4.3.2 主要实证结果

（1）政府背景大客户采购与分析师预测

表 4-3 列示了假设 H4-1 与假设 H4-2 的回归结果，分别从分析师的投资评级、预测准确度和预测分歧度进行回归检验。从表 4-3 中可以看到，政府背景大客户采购订单对于分析师投资评级有提升作用，无论是政府大客户（β = 0.464）还是政府背景大客户（β = 0.330）的采购订单，其比例越高分析师的投

资评级越高，且结果显著。同时，政府大客户采购比例与分析师预测偏差（β = - 0.158）和分歧度（β = - 0.117）呈负相关，政府背景大客户与政府大客户的回归结果类似；说明政府背景大客户采购比例越高，分析师预测的准确度越高，分歧度越低，且结果显著。

表 4 - 3　　政府背景大客户采购比例与个股分析师预测的回归分析

	REC	REC	FE	FE	FD	FD
Gov	0.464 * (1.80)	—	- 0.158 ** (- 2.14)	—	- 0.117 ** (- 2.05)	—
State	—	0.330 * (1.69)	—	- 0.122 ** (- 1.98)	—	- 0.080 * (- 1.86)
Sub	- 13.552 * (- 1.74)	- 9.802 * (- 1.92)	0.219 *** (2.63)	0.256 ** (2.26)	0.203 ** (1.97)	0.173 ** (2.10)
Size	0.114 * (1.91)	0.089 ** (2.25)	0.019 *** (2.90)	0.013 *** (2.76)	0.016 ** (2.09)	0.020 ** (1.96)
PB	0.157 ** (2.14)	0.136 * (1.95)	- 0.014 * (- 1.87)	- 0.007 * (- 1.71)	- 0.028 ** (- 2.24)	- 0.017 * (- 1.94)
ROE	0.819 ** (2.35)	0.842 *** (2.76)	- 0.073 ** (- 2.23)	- 0.085 ** (- 2.16)	- 0.056 (- 1.05)	- 0.042 (- 1.48)
Shrhfd5	0.507 (1.28)	0.665 (1.39)	- 0.007 ** (- 2.00)	- 0.006 * (- 1.67)	- 0.004 * (- 1.82)	- 0.003 ** (- 1.98)
Insthld	1.258 (1.58)	1.637 * (1.76)	- 0.012 ** (- 2.18)	- 0.016 ** (- 2.36)	- 0.009 ** (- 2.02)	- 0.006 * (- 1.75)
StkVol	- 0.914 * (- 1.71)	- 0.737 (- 1.59)	0.011 *** (4.41)	0.009 *** (3.79)	0.008 *** (3.23)	0.013 *** (4.08)

续表

	REC	REC	FE	FE	FD	FD
EarVol	−3.080 * (−1.81)	−2.643 * (−1.73)	0.018 (0.51)	0.020 (0.66)	0.006 (0.32)	0.005 (0.47)
Follow	0.149 ** (2.17)	0.116 ** (2.06)	−0.016 * (−1.85)	−0.019 ** (−1.96)	−0.008 * (−1.73)	−0.011 * (−1.80)
Constant	3.825 * (1.73)	3.594 ** (1.97)	−0.043 ** (−1.99)	−0.035 ** (−2.03)	−0.027 * (−1.79)	−0.041 ** (−2.31)
Industry fixed effect	Yes	Yes	Yes	Yes	Yes	Yes
Year fixed effect	Yes	Yes	Yes	Yes	Yes	Yes
N	6586	6586	6586	6586	6586	6586
R − squared	0.186	0.213	0.097	0.108	0.135	0.160

注：括号内为 t 值，*** 、** 、* 分别表示在 1%、5% 和 10% 的水平上显著。

其中，政府大客户采购订单较政府背景大客户采购订单对分析师预测的提升效果更明显。回归结果与假设预期一致，论证了分析师对政府背景大客户采购订单的识别能力。特别的是，政府补助对于分析师的预测起到相反方向的作用，政府补助比例越高，分析师对公司的评级越低，预测越不准确，分歧度越高。在公司特征上，规模越大的公司其分析师预测的投资评级越高、准确度越低，且分歧度越高，而市净率越高、净资产收益率越高、股权制衡度越大、机构投资者持股比例越高、股票回报波动性越小、分析师关注度越大的公司，其分析师预测的投资评级和准确度越高、分歧度越低，这与文献综述中相一致。

（2）政府背景大客户采购订单特征与分析师预测

表4－4从采购主体的层级角度对假设 H4－3 进行回归检验。
从表4－4中可以看到，当采购主体为中央层级时，政府大客户采购
比例越高，分析师的投资评级越高（β＝0.626）相较于地方层级政
府采购的系数更大（0.626＞0.311）；同时，政府大客户采购比例
越高，分析师的预测越准确（β＝－0.257）、分歧度越低（β＝
－0.232），相较于地方层级政府采购的系数更小（－0.257＜
－0.116，－0.232＜－0.068），且结果均显著；政府背景大客户采
购的结果类似。这说明无论是政府大客户还是政府背景大客户的采
购订单，相较于地方层级来说，中央层级的采购订单更能提升分析
师的投资评级、预测准确度，降低预测分歧度，与研究 H4－3 的预
期一致。同时，政府背景大客户采购订单对分析师预测的提升作用
结果依然存在，结果与 H4－1 一致。

表4－4   各层级政府背景大客户采购比例与个股分析师预测的回归分析
（中央 vs. 地方）

	REC	REC	FE	FE	FD	FD
Gov－Central	0.626 ** (2.29)	—	－ 0.257 *** （－2.73）	—	－ 0.232 ** （－2.43）	—
Gov－Local	0.311 * (1.80)	—	－ 0.116 * （－1.79）	—	－ 0.068 * （－1.82）	—
State－Central	—	0.542 ** (2.13)	—	－ 0.185 *** （－2.68）	—	－ 0.145 *** （－2.86）

	REC	REC	FE	FE	FD	FD
State – Local	—	0. 204 * (1. 66)	—	– 0. 081 * (– 1. 92)	—	– 0. 047 (– 1. 19)
Sub	– 11. 763 * (– 1. 70)	– 9. 114 * (– 1. 88)	0. 172 ** (2. 22)	0. 235 ** (2. 31)	0. 224 ** (2. 06)	0. 187 ** (2. 24)
Size	0. 101 ** (1. 96)	0. 067 * (1. 95)	0. 014 ** (2. 49)	0. 011 ** (2. 05)	0. 019 ** (2. 17)	0. 025 * (1. 92)
PB	0. 129 ** (2. 21)	0. 108 ** (1. 99)	– 0. 020 * (– 1. 84)	– 0. 012 (– 1. 51)	– 0. 026 ** (– 2. 11)	– 0. 017 ** (– 2. 06)
ROE	0. 846 ** (2. 28)	0. 803 ** (2. 54)	– 0. 063 ** (– 2. 14)	– 0. 074 ** (– 2. 33)	– 0. 059 (– 1. 12)	– 0. 048 (– 1. 07)
Shrhfd5	0. 624 * (1. 72)	0. 600 (1. 49)	– 0. 007 * (– 1. 85)	– 0. 005 (– 1. 62)	– 0. 005 * (– 1. 70)	– 0. 003 ** (– 2. 18)
Insthld	1. 209 * (1. 67)	1. 571 * (1. 74)	– 0. 019 ** (– 2. 03)	– 0. 017 ** (– 2. 29)	– 0. 010 * (– 1. 85)	– 0. 007 * (– 1. 77)
StkVol	– 0. 752 (– 1. 63)	– 0. 663 (– 1. 52)	0. 016 *** (4. 28)	0. 012 *** (3. 79)	0. 008 *** (3. 63)	0. 014 *** (4. 52)
EarVol	– 2. 974 * (– 1. 86)	– 2. 701 * (– 1. 79)	0. 027 (0. 36)	0. 022 (0. 57)	0. 008 (0. 49)	0. 005 (0. 68)
Follow	0. 187 ** (2. 13)	0. 145 ** (2. 05)	– 0. 026 ** (– 1. 97)	– 0. 023 * (– 1. 94)	– 0. 015 * (– 1. 76)	– 0. 013 * (– 1. 87)
Constant	3. 570 * (1. 78)	3. 112 * (1. 90)	– 0. 053 ** (– 1. 98)	– 0. 040 ** (– 2. 25)	– 0. 039 ** (– 1. 97)	– 0. 046 ** (– 2. 20)
Industry fixed effect	Yes	Yes	Yes	Yes	Yes	Yes

续表

	REC	REC	FE	FE	FD	FD
Year fixed effect	Yes	Yes	Yes	Yes	Yes	Yes
N	6586	6586	6586	6586	6586	6586
R – squared	0.195	0.227	0.104	0.117	0.164	0.187

注：括号内为 t 值，*** 、** 、* 分别表示在 1%、5% 和 10% 的水平上显著。

表 4 – 5 从采购订单的稳定性角度对假设 H4 – 4 进行回归检验。从表 4 – 5 中可以看到，对于稳定性的政府采购订单来说，其采购占比与分析师投资评级正相关（β = 0.584），较偶发性订单的系数更大（0.584 > 0.328）；且稳定订单的采购占比与预测偏差（β = −0.202）和分歧度（β = −0.16）负相关，较偶发订单的系数更小（−0.202 < −0.043）；政府背景大客户采购订单的结果与之类似。这说明，无论是政府大客户还是政府背景大客户，稳定性的采购订单比例越高，分析师预测的投资评级越高、准确度越高、分歧度越低。虽然政府大客户的偶发性采购订单对分析师预测准确度也有提升作用，但是较稳定性订单来说更低。其中，偶发性政府背景大客户采购订单的回归结果不显著，这可能是偶发性订单对企业作用不足所致，从侧面说明稳定性的采购订单，为企业带来稳定的收入，降低了分析师的预测不确定性。

表 4 – 5　　订单稳定性与个股分析师预测的回归分析

	偶发性						稳定性					
	REC	REC	FE	FE	FD	FD	REC	REC	FE	FE	FD	FD
Gov	0.328 (1.46)	—	-0.043* (-1.76)	—	0.034 (0.75)	—	0.584** (2.31)	—	-0.202*** (-2.82)	—	-0.160*** (-2.72)	—
State	—	0.293 (1.30)	—	-0.038 (-1.63)	—	0.027 (0.58)	—	0.461*** (2.67)	—	-0.185** (-2.47)	—	-0.114* (-1.98)
Sub	-14.791** (-1.99)	-10.283*** (-2.70)	0.236*** (3.37)	0.214*** (3.52)	0.212*** (3.18)	0.199*** (3.45)	-12.146* (-1.69)	-9.203* (-1.80)	0.153** (2.27)	0.205** (2.06)	0.199* (1.83)	0.178** (2.03)
Size	0.102* (1.83)	0.101** (2.06)	0.017** (2.23)	0.013** (2.15)	0.013** (2.09)	0.020* (1.88)	0.121** (2.11)	0.076** (2.06)	0.014** (2.32)	0.010*** (2.17)	0.015** (2.05)	0.019** (1.99)
PB	0.116** (2.18)	0.096** (2.01)	-0.013* (-1.77)	-0.006 (-1.45)	-0.022** (-2.04)	-0.017 (-1.86)	0.135** (2.15)	0.114 (1.94)	-0.015 (-1.73)	-0.011 (-1.68)	-0.027** (-2.22)	-0.021** (-2.02)
ROE	0.769** (2.17)	0.754** (2.36)	-0.065** (-2.25)	-0.070** (-2.37)	-0.051 (-1.28)	-0.049 (-1.09)	0.807** (2.10)	0.829** (2.34)	-0.061** (-2.16)	-0.073** (-2.33)	-0.053* (-1.72)	-0.045** (-2.08)
Shrhfd5	0.592 (1.37)	0.683 (1.45)	-0.007* (-1.93)	-0.006* (-1.82)	-0.005** (-1.98)	-0.004** (-2.07)	0.564* (1.75)	0.643* (1.68)	-0.005* (-1.86)	-0.007 (-1.43)	-0.006 (-1.51)	-0.003** (-2.10)

续表

	偶发性						稳定性					
	REC	REC	FE	FE	FD	FD	REC	REC	FE	FE	FD	FD
Insthld	1.194* (1.70)	1.807* (1.72)	-0.016** (-2.14)	-0.017** (-2.29)	-0.010** (-1.99)	-0.007** (-2.03)	1.282 (1.62)	1.715* (1.70)	-0.012** (-2.19)	-0.014** (-2.22)	-0.009 (-1.65)	-0.006 (-1.53)
StkVol	-0.961* (-1.74)	-0.755* (-1.67)	0.012*** (4.72)	0.011*** (3.85)	0.008*** (4.03)	0.017*** (4.50)	-0.842 (-1.60)	-0.697 (-1.57)	0.016*** (3.99)	0.012*** (2.73)	0.012*** (3.02)	0.018*** (3.15)
EarVol	-3.168* (-1.88)	-2.882* (-1.79)	0.023 (0.42)	0.029 (0.70)	0.005 (0.59)	0.005 (0.66)	-2.591 (-1.64)	-2.251 (-1.58)	0.020 (0.36)	0.024 (0.64)	0.009 (0.59)	0.007 (0.71)
Follow	0.150** (2.07)	0.104** (2.24)	-0.021** (-2.15)	-0.019** (-2.07)	-0.012* (-1.74)	-0.014* (-1.72)	0.153** (2.18)	0.120** (2.12)	-0.026** (-2.11)	-0.023** (-2.08)	-0.015* (-1.97)	-0.012** (-2.00)
Constant	3.846* (1.79)	3.629* (1.92)	-0.052** (-2.03)	-0.036** (-2.29)	-0.039* (-1.97)	-0.050** (-2.21)	3.692** (1.98)	3.471** (2.02)	-0.064** (-2.18)	-0.049** (-2.12)	-0.036** (-1.96)	-0.042*** (-2.64)
Industry fixed effect	Yes	Yes	Yes	Yes	Yes	Yes	Yes	Yes	Yes	Yes	Yes	Yes
Year fixed effect	Yes	Yes	Yes	Yes	Yes	Yes	Yes	Yes	Yes	Yes	Yes	Yes
N	1652	1652	1652	1652	1652	1652	1648	1648	1648	1648	1648	1648
R-squared	0.161	0.195	0.087	0.091	0.100	0.112	0.202	0.223	0.113	0.136	0.163	0.179

注：括号内为 t 值，***、**、*分别表示在1%、5%和10%的水平上显著。

4.4 稳健性检验

分析师预测的衡量方面，为了保证结果的可靠性，本书采用新的计算方法再进行回归分析，并同时在表4-6列报实证结果，具体方法如下。

（1）选用新的分析师投资评级计算方法，即第 t 期分析师对公司 i 投资评级的中位数，区别于主检验中采用平均值来衡量的方法，中位数可以避免极端值与样本偏差对研究结论的影响。按照 CSMAR 数据库统一换算标准，将投资评级转换为以下五种类型：卖出 =1，减持 =2，中性 =3，增持 =4，买入 =5。

（2）选用新的分析师预测准确度计算方法，借鉴了谭松涛和崔小勇（2015）等文献的研究方法，即分析师对上市公司 EPS 的预测值与 EPS 真实值之差的绝对值除以 EPS 真实值的绝对值。

（3）选用新的分析师预测分歧度计算方法，借鉴了方军雄（2007）等文献的研究方法，即删除只有一份分析报告样本，考虑了某些冷门公司缺乏分析师关注情况，尤其当只有一份分析报告时，其分歧度为0，不符合本书研究的要求。通过采用以上三种新的变量定义方法后，从表4-6中可以发现回归结果与之前的结论一致，只考虑政府大客户采购的情况下，政府采购比例与投资评级的回归系数为正（β = 0.415），与预测偏差（β = -0.271）和分歧度（β = -0.136）呈负相关关系，回归结果仍然显著。将政府背景大客户采购纳入进行分析结果类似，这说明无论是政府大客户还是政府背景大客户，其采购订单能够提高分析师的投资评级和预测准确度，并降低了分歧度。

表4-6　政府背景大客户采购比例与个股分析师预测的回归分析

	REC′	REC′	FE′	FE′	FD′	FD′
Gov	0.415 * (1.70)	—	- 0.271 **	—	- 0.136 * (- 1.90)	—
State	—	0.304 * (1.67)	—	- 0.109 * (- 1.68)	—	- 0.127 * (- 1.85)
Control Variables	Yes	Yes	Yes	Yes	Yes	Yes
Industry fixed effect	Yes	Yes	Yes	Yes	Yes	Yes
Year fixed effect	Yes	Yes	Yes	Yes	Yes	Yes
N	6586	6586	6586	6586	5904	5904
R - squared	0.161	0.189	0.076	0.088	0.093	0.108

注：括号内为t值，*** 、** 、* 分别表示在1%、5%和10%的水平上显著。

4.5　本章小结

本章围绕政府背景大客户采购订单的特征对分析师预测行为的影响，实证研究发现以下几点：（1）"看准现状"，对获得政府背景大客户采购订单越多的企业，分析师的预测越准确，分歧度越低；（2）"看清趋势"，对获得政府背景大客户采购订单越多的企业，分析师给出的投资评级越高。在采购订单的特征上，中央层级、稳定

性的采购订单对分析师预测的提升效果更大。本章的发现对政府采
购的推行具有重要现实意义，是对宏观政策与微观市场的交叉领域
的研究与分析，对投资者解读上市公司获取政府背景大客户采购订
单的信息含量具有启示作用。

第 5 章

政府背景大客户对分析师预测的
影响机制实证研究

在政府背景大客户的分析基础上，很自然的一个延伸就是政府背景大客户采购影响分析师预测行为的作用机制。从政策制定目的来说，政府背景大客户采购致力于给企业提供"造血式"的扶持作用。从资本市场的中介来说，分析师在识别政府背景大客户采购订单信息含量后，向市场推荐获得政府背景大客户采购订单的企业，针对不同层级的采购主体、不同时长的订单的企业给予不同的预测。但是，政府背景大客户采购是否取得实施效果仍需进一步探讨，即政府背景大客户采购能否为企业带来盈利、估值等方面的提升。

本章通过探究政府背景大客户采购订单对分析师预测行为的影响机制，进一步围绕分析师的识别能力和政府背景大客户采购的效果进行研究，包括如何促进企业盈余质量、估值价值的提升等，为政府采购政策提供一定程度的数据支撑，揭示了宏观政策对市场第三方的影响渠道与机制。

本章共包括 6 个小节。第一部分为综述部分与提出假说，在梳理国内外理论分析的基础上，提出了本章节的研究假说；第二部分为研究主体，提出了本书的实证研究和假设检验过程；第三部分为结果分析，展示了相关结果，并对其进行了回归性分析；第四部分进行了进一步检验；第五部分检验了研究稳健性，最后一部分对全章的研究结果进行总结。

5.1 政府背景大客户对分析师预测的影响机制研究现状与研究假说

研究发现，对于创业板的高新科技企业，政府补贴反而削弱了企业的研发能力，未能给企业带来市场价值的提高（逯东等，2012）。张肖红等（Siew Hong Teoh et al.，1998）发现，虽然在 IPO 时投资者会忽视政府补助的负面影响，但是长期来看，投资者会逐步调低企业估值。那么，政府背景大客户采购订单如何影响个股分析师的预测行为呢？本章试图从产权性质、宏观信息解读传递、投资者估值判断以及盈余质量来挖掘可能存在的影响渠道。

5.1.1 政府背景大客户采购、企业所有权与分析师预测

政府背景大客户采购对不同类型企业的业绩增长势必产生不一样的影响，本书主要考查了不同所有权特征的企业在获得政府背景大客户采购订单后的不同影响效果。政府背景大客户采购对国企而

言，所产生边际影响效果相对较少；民营企业所面临的市场环境更
复杂，竞争压力与市场风险时时激励着他们与时俱进、自我提升，
来自政府背景大客户的订单对民企而言不仅送来了大笔稳定可靠的
订单收入，也是政府背景大客户对民企产品质量与企业发展的认
可，无疑能帮助他们实现更稳定、更持续的发展，对于关注他们的
分析师来说，也减小了业绩预测所面临的不确定性因素，对分析师
预测的边际帮助效用较其分析国有企业而言更为明显。由此，本书
认为相对于国有企业，民营企业获得政府背景大客户采购订单更有
助于提升分析师的投资评级与预测准确度，并降低预测分歧度。为
探讨民营企业和国有企业在获得政府背景大客户采购订单后的不同
效果，本书提出假设 H5 – 1。

H5 – 1：相对于国有企业，民营企业获得政府背景大客户采购
订单更有助于提升分析师的投资评级与预测准确度，降低预测分
歧度。

5.1.2 政府背景大客户采购与宏观信息的解读传递

由于政府采购类信息通常与财政政策、政府支出等宏观概念相
关，因此较多关注微观层面讯息的个股分析师往往对此类信息的关
注相对较少。在这一背景下，分析师所在券商聘请的宏观分析师通
常是这类信息的一个有效解读、传递渠道，理应帮助个股分析师更
好了解政府类客户对企业经营销售的影响。以阿图尔·雨果等
（Artur Hugon et al.，2015）为代表的研究表明，宏观分析师的存在
有助于个股分析师更好了解、解读相关宏观讯息，帮助他们提升预

测成果。因此，对于涉及宏观政策的政府背景大客户采购来说，宏观分析师的存在很有可能帮助个股分析师更好识别它们的积极作用，提升投资评级与预测准确度，降低预测分歧度。

由此，本书提出假设 H5 - 2。

H5 - 2：同券商宏观分析师的存在更有助于提升分析师的投资评级与预测准确度，降低预测分歧度。

5.2 研究设计与样本选择

5.2.1 样本说明

如前文所述，本章采用的政府背景大客户采购数据通过手工整理而得，具体的数据收集和梳理过程，与前面章节内容一致。最终，本书手工整理获得 1496 家上市公司样本，共计 6586 个公司年度观测值。

5.2.2 模型设计

（1）所有权性质与分析师预测

在检验所有权性质对分析师预测的影响时，构建虚拟变量 Private，按照最终控制人性质，当上市公司为民营企时为 1，否则为 0。在模型 1 的基础上设计模型 3，选用模型 3 检验假说 H5 - 1。

$$
\begin{aligned}
\mathrm{REC}_{i,t}/\mathrm{FD}_{i,t}/\mathrm{FE}_{i,t} = {} & \beta_1 + \beta_2 \mathrm{Procurement}_{i,t} + \beta_3 \mathrm{Procurement}_{i,t} \\
& \times \mathrm{Private}_{i,t} + \beta_4 \mathrm{Private}_{i,t} + \beta_5 \mathrm{Size}_{i,t} + \beta_6 \mathrm{PB}_{i,t} \\
& + \beta_7 \mathrm{ROE}_{i,t} + \beta_8 \mathrm{Shrhfd5}_{i,t} + \beta_9 \mathrm{Insthld}_{i,t} \\
& + \beta_{10} \mathrm{StkVol}_{i,t} + \beta_{11} \mathrm{EarVol}_{i,t} + \beta_{12} \mathrm{Follow}_{i,t} + \varepsilon
\end{aligned}
$$

（模型 3）

回归模型中各变量的含义如下：

被解释变量：

其中，分析师预测包括两个方面，"看准"，即分析师预测准确度、预测分歧度；"看清"，即投资评级。预测准确度的计算方法是，用第 t 期分析师每股盈余预测的均值与第 t 期每股盈余实际值的差的绝对值，除以第 t 期年末的股票收盘价而得。预测分歧度则是通过分析师每股盈余预测值的标准差除以年末的股票收盘价而得。投资评级采用的是第 t 期分析师对公司 i 的平均投资评级，按照 CSMAR 数据库统一换算标准，将投资评级转换为以下五种类型：卖出 =1，减持 =2，中性 =3，增持 =4，买入 =5，平均而得。

REC 表示分析师投资评级，用第 t 期分析师对公司 i 的平均投资评级，按照 CSMAR 数据库统一换算标准，将投资评级转换为以下五种类型：卖出 =1，减持 =2，中性 =3，增持 =4，买入 =5。

FE 表示预测准确度，用第 t 期分析师每股盈余预测的均值与第 t 期每股盈余实际值的差的绝对值，并除以第 t 期年末的股票收盘价。

FD 表示预测分歧度，用第 t 期分析师盈余预测的分歧度，算法为分析师每股盈余预测值的标准差，并除以年末的股票收盘价。

解释变量：

模型 3 中 Procurement 为第 t 期政府背景大客户采购额占企业总销售额的比例。具体的回归分析中，Procurement 分别用政府采购（Gov）和政府背景大客户（State）来代表。由于，除政府机构的直接采购（Gov）外，国有企业作为公有制经济的重要组成部分，在帮助实现国家调节经济的目标中发挥着重要的作用。因此，将国有企业的采购与政府的直接采购加总构成政府背景大客户采购（State）。

Gov 表示政府采购比例，用第 t 期政府大客户的采购额占企业总销售额的比例。

State 表示政府背景大客户采购比例，用第 t 期政府大客户以及国有企业的采购额占企业总销售额的比例。

Private 表示是否为民企，按照最终控制人性质，上市公司为民营企时为 1，否则为 0。

鉴于政府补助也是政府干预的手段，本书在李馨子（2015）等的研究基础上也构建了相应的控制变量，在控制变量中加入了公司同期获得的政府补助（Sub）。模型同时控制了公司层面的变量，包括公司规模（Size）、市净率（PB）、净资产收益率（ROE）、股权制衡度（ShrHfd5）、机构投资者持股比例（Insthld）、股票回报波动性（StkVol）、盈余波动性（EarVol）、分析师关注度（Follow）。具体变量的定义详见表 5-1。

（2）政府背景大客户采购与宏观信息的解读传递

在检验宏观分析师对个股分析师预测的影响时，构建虚拟变量 Macro，按照分析师所在券商是否有专业的宏观分析师或经济学

家区分，当分析师所在券商有专业的宏观分析师或经济学家时为
1，否则为0。在模型1的基础上设计模型4，选用模型4检验假
说 H5 - 2。

$$REC_{i,t}/FD_{i,t}/FE_{i,t} = \beta_1 + \beta_2 Procurement_{i,t} + \beta_3 Procurement_{i,t} \times Macro_{i,t}$$
$$+ \beta_4 Private_{i,t} + \beta_5 Size_{i,t} + \beta_6 PB_{i,t} + \beta_7 ROE_{i,t}$$
$$+ \beta_8 Shrhfd5_{i,t} + \beta_9 Insthld_{i,t} + \beta_{10} StkVol_{i,t}$$
$$+ \beta_{11} EarVol_{i,t} + \beta_{12} Follow_{i,t} + \varepsilon \qquad （模型4）$$

回归模型中各变量的含义如前文所述。

其中，被解释变量 Macro 表示有无宏观分析师，用第 t 期跟踪企业 i
的分析师所在券商是否有专业的宏观分析师或经济学家，有为1，
无为0。具体变量的定义详见表5-1。

表 5 - 1　　　　　　　　　　　变量定义

变量符号	变量名称	变量定义
因变量		
RECit	分析师投资评级	第 t 期分析师对公司 i 的平均投资评级，按照 CS-MAR 数据库统一换算标准，将投资评级转换为以下五种类型：卖出 = 1，减持 = 2，中性 = 3，增持 = 4，买入 = 5
FEit	预测准确度	第 t 期分析师每股盈余预测的均值与第 t 期每股盈余实际值的差的绝对值，并除以第 t 期年末的股票收盘价
FDit	预测分歧度	第 t 期分析师盈余预测的分歧度，算法为分析师每股盈余预测值的标准差，并除以年末的股票收盘价

变量符号	变量名称	变量定义
自变量		
Govit	政府采购比例	第 t 期政府大客户的采购额占企业总销售额的比例
Stateit	政府背景大客户采购比例	第 t 期政府大客户以及国有企业的采购额占企业总销售额的比例
Private	是否为民企	按照最终控制人性质，上市公司为民营企业时为1，否则为0
Macrot	有无宏观分析师	第 t 期跟踪企业 i 的分析师所在券商是否有专业的宏观分析师或经济学家，有为1，无为0
控制变量		
Sizeit	公司规模	第 t 期期末总资产的自然对数
PBit	市净率	第 t 期权益总市值除以第 t 期权益账面值
ROEit	净资产收益率	第 t 期的净利润除以第 t 期的净资产
Shrhfd5it	股权制衡度	第 t 期期末第二至第五大股东持股比例平方和的自然对数
Insthldit	机构投资者持股比例	第 t 期期末机构投资者持股比例
StkVolit	股票回报波动性	第 t 期年内每日股票回报率的标准差
EarVolit	盈余波动性	最近三年净利润的标准差
Followit	分析师关注度	第 t 期对公司 i 进行跟踪分析的分析师团队数量的自然对数
Subit	政府补助	第 t 期期末政府补助总额除以第 t 期期末总资产

5.3　实　证　结　果

5.3.1　描述性统计

表 5 - 2 列示了各主要变量的描述性统计。与前文一致，从本书可以发现，分析师对上市公司的平均投资评级符合行业的实情。获得政府大客户以及获得政府背景大客户订单的企业样本中，较前文增加企业所有权性质和宏观分析师的统计。其中，民营企业在获得政府背景大客户采购订单的占比为 43%，说明政府采购政策的执行中对民营企业的支持，其重要性不言而喻。同时，上市公司平均每年有 2.6 位分析师跟踪，公司被聘请宏观分析师券商跟踪的概率为 62%。

表 5 - 2　　　　　　　　　　　变量描述性统计

变量名	均值	样本数（个）	标准差	25%	中位数	75%
REC	4.024	6586	1.097	4	4	5
FE	0.020	6586	0.027	0.006	0.023	0.029
FD	0.013	6586	0.016	0.004	0.015	0.018
Gov（%）	13.101	774	16.192	2.857	6.483	16.370
State（%）	24.174	4394	22.549	7.954	15.456	33.262
Subit	0.011	6586	0.019	0.002	0.005	0.012

变量名	均值	样本数（个）	标准差	25%	中位数	75%
Privateit	0.430	6586	0.609	0	0	1
Macroit	0.617	6586	0.486	0	1	1
Sizeit	21.902	6586	1.836	20.643	23.079	25.114
PBit	3.776	6586	3.520	1.608	3.152	4.838
ROEit	0.093	6586	0.108	0.038	0.097	0.146
Shrhfd5it	0.311	6586	0.028	0.223	0.307	0.342
Insthldit	0.185	6586	0.244	0.087	0.209	0.311
StkVolit	0.234	6586	0.197	0.087	0.194	0.303
EarVolit	0.036	6586	0.008	0.027	0.033	0.040
Followit	2.623	6586	1.093	1.792	3.020	3.466

5.3.2　企业所有权与分析师预测

表 5 - 3 从企业所有权性质角度对假说 H5 - 1 进行回归检验。从表 5 - 3 中可以看到，对于政府采购订单来说，第 1 列的 Private（是否民企）与政府采购的交乘项结果为正（β = 0.138）且显著，说明相较于国有企业，民营企业获得政府采购订单的信息含量更大；企业获得政府采购订单的占比越大，相较于国有企业（β = 0.353），分析师对民企给出更高的投资评级。同时，第 3 列和第 5 列的交乘项系数为负（β = -0.047，β = -0.024）且显著，说明企业获得政府采购订单的占比越大，相较于国有企业，分析师对民企给出的预测越准确，分歧度越低。政府背景大客户采购的结果与政府采购的结果类似，说明相对于国有企业，民营企业获得政府背景

大客户采购订单更有助于提升分析师的投资评级与预测准确度，并降低了预测分歧度，回归结果为假说 H5 - 1 提供了实证证据作为支持。

表 5 - 3　政府背景大客户采购比例与个股分析师预测的回归分析
（企业所有权性质）

	REC	REC	FE	FE	FD	FD
Gov	0.353 * (1.82)	—	-0.120 ** (-1.96)	—	-0.097 ** (-2.04)	—
Gov * Private	0.138 ** (2.41)	—	-0.047 *** (-2.77)	—	-0.024 ** (-2.30)	—
State	—	0.234 (1.43)	—	-0.096 * (-1.88)	—	-0.058 * (-1.69)
State * Private	—	0.107 ** (2.19)	—	-0.032 ** (-2.23)	—	-0.014 * (-1.95)
Private	0.263 (1.04)	0.315 (1.48)	-0.014 ** (-2.17)	-0.018 ** (-2.05)	-0.009 * (-1.77)	-0.007 * (-1.92)
Sub	12.757 * (1.68)	9.476 * (1.70)	0.207 ** (2.17)	0.230 ** (2.14)	0.202 ** (2.06)	0.188 ** (2.20)
Size	0.132 * (1.78)	0.082 * (1.95)	0.018 *** (2.91)	0.014 *** (3.06)	0.015 *** (2.71)	0.020 *** (2.83)
PB	0.148 * (1.84)	0.140 * (1.75)	-0.018 * (-1.78)	-0.013 ** (-1.97)	-0.024 * (-1.94)	-0.017 ** (-2.01)
ROE	0.765 ** (2.04)	0.871 ** (2.36)	-0.059 * (-1.79)	-0.071 * (-1.83)	-0.056 * (-1.89)	-0.049 * (-1.66)
Shrhfd5	0.512 * (1.83)	0.694 * (1.69)	-0.008 ** (-2.05)	-0.006 * (-1.74)	-0.005 ** (-1.96)	-0.003 ** (-2.08)

续表

	REC	REC	FE	FE	FD	FD
Insthld	1.203 (1.39)	1.543 (1.64)	-0.016 ** (-2.02)	-0.013 ** (-2.16)	-0.011 ** (-1.99)	-0.009 * (-1.77)
StkVol	-0.877 * (-1.75)	-0.802 * (-1.82)	0.012 *** (4.52)	0.011 *** (3.17)	0.013 *** (3.95)	0.017 *** (3.86)
EarVol	-3.016 * (-1.85)	-2.583 * (-1.76)	0.021 (0.41)	0.024 (0.69)	0.007 (0.52)	0.008 (0.63)
Follow	0.155 * (1.87)	0.109 ** (2.12)	-0.027 ** (-2.00)	-0.023 ** (-1.98)	-0.016 *** (-2.65)	-0.015 *** (-2.89)
Constant	3.678 * (1.80)	3.502 ** (1.99)	-0.068 *** (-2.84)	-0.054 ** (-2.11)	-0.047 *** (-2.90)	-0.052 ** (-2.04)
Industry fixed effect	Yes	Yes	Yes	Yes	Yes	Yes
Year fixed effect	Yes	Yes	Yes	Yes	Yes	Yes
N	6586	6586	6586	6586	6586	6586
R - squared	0.192	0.226	0.106	0.119	0.155	0.192

注：括号内为 t 值，*** 、** 、* 分别表示在 1%、5% 和 10% 的水平上显著。

5.3.3 政府背景大客户采购与宏观信息的解读传递

表 5-4 从宏观解读能力角度对上述渠道进行回归检验。从表 5-4 中可以看到，在采购主体为政府大客户时，政府采购订单占比与 Macro（有无宏观分析师）的交乘项回归系数，在投资评级上显著为正（$\beta = 0.164$），在预测偏差（$\beta = -0.059$）和分歧度（$\beta = -0.050$）上显著为负；这说明有宏观分析师帮助的个股分析师，相较于没有宏观分析师帮助的个股分析师来说，其给出的投资

评级更高、预测越准确、分歧度越低（个股分析师所在券商有宏观分析师时，个股分析师对宏观政策的识别能力得到提升）。政府背景大客户采购订单的回归结果类似，也就是说，无论是政府大客户还是政府背景大客户的采购订单，回归结果表明宏观分析师的存在有助于个股分析师更好识别政府背景大客户采购信息，提升投资评级与预测准确度，并降低了预测分歧度。

表 5 - 4 政府背景大客户采购比例与个股分析师预测的回归分析
（宏观分析师）

	REC	REC	FE	FE	FD	FD
Gov	0. 317 * (1. 72)	—	- 0. 108 ** (- 1. 97)	—	- 0. 066 * (- 1. 75)	—
Gov * Macro	0. 164 ** (2. 05)	—	- 0. 059 ** (- 2. 17)	—	- 0. 050 ** (- 2. 26)	—
State	—	0. 225 (0. 82)	—	- 0. 083 * (- 1. 91)	—	- 0. 052 * (- 1. 85)
State * Macro	—	0. 144 ** (2. 27)	—	- 0. 041 ** (- 2. 30)	—	- 0. 026 ** (- 2. 14)
Macro	0. 286 (1. 02)	0. 153 (0. 95)	- 0. 011 *** (- 2. 62)	- 0. 007 ** (- 2. 45)	- 0. 003 (- 1. 01)	0. 002 (0. 84)
Control Variables	Yes	Yes	Yes	Yes	Yes	Yes
Industry fixed effect	Yes	Yes	Yes	Yes	Yes	Yes
Year fixed effect	Yes	Yes	Yes	Yes	Yes	Yes
N	6586	6586	6586	6586	6586	6586
R - squared	0. 194	0. 231	0. 111	0. 127	0. 153	0. 176

注：括号内为 t 值，***、**、* 分别表示在 1%、5% 和 10% 的水平上显著。

5.4 进一步分析

5.4.1 政府背景大客户采购与企业盈余质量的提高

本书所讨论的政府采购不同于政府补助这种直接的财政拨款或政策倾斜，是一种结合了实际需求的政策手段，在帮扶企业的同时对企业的生产经营条件也提出了具体要求。尤其是政府采购还存在相对公开公正的招标环节，企业需要通过竞标的方式竞争获取订单。公开可靠的盈余信息也是政府了解竞标企业的一种重要渠道。只有相对公开透明的信息环境才能更可能得到政府背景大客户的客户。因此在政府采购的扶持模式下，企业有动机去改善财务信息质量。

与此同时，关于分析师预测所受因素的研究，以往大量的文献研究了上市公司信息披露对分析师盈余预测的影响，学者谢帕（Shipper，1991）的研究就表明，上市公司的信息披露质量越高，分析师对企业所作的盈余预测也更准确；拜厄德和肖（Byard & Shaw，2003）的研究同样发现，企业信息披露质量越高，分析师利用公共信息与私有信息的效率也能显著提升，从而使得分析师进行盈利预测的准确性得到明显改善。尼科尔斯和韦兰德（Nichols & Wieland，2009）发现，上市公司非财务信息披露越多，分析师的盈利预测的误差也会显著降低。国内学者中，以方军雄（2007）为代表的研究也发现上市公司信息披露透明度的提升，能显著提升分析师的盈余预测准确度，从而降低他们对传统会计数据的依赖。以上述这些文献为代表的研究就分析师预测准确度的影响因素做了大量翔实而深刻的研究，可见企业的信息披露对分析师预测影响较大。本书对盈余质量的衡量从盈利稳定性与盈余信息质量两个层面分析。

表 5-5 从盈利稳定性的角度进行回归，从表中 1、3 列可以看到，无论是政府大客户还是政府背景大客户，其采购订单均对企业的未来盈利能力产生显著正向的影响，而 3、4 列的回归结果则说明这种盈利能力的提升具有更好的稳定性，说明政府背景大客户采购帮助企业获得一个更稳定持续的发展环境，这与相关宏观政策制定的"初心"相一致，并说明分析师确实"看清、看准"企业从政府背景大客户采购订单中获得的益处，并向市场进行推荐。

表 5-5　　政府背景大客户采购比例与未来盈利能力的回归分析

	$\Delta PROFt+1$	$\Delta PROFt+1$	$\Delta PROFt+1$	$\Delta PROFt+1$
Govt	0.407 ** (2.41)	—	0.149 ** (2.41)	—
$\Delta PROFt \times Govt$	—	—	0.092 ** (2.02)	—
Statet	—	0.267 ** (2.18)	—	0.101 ** (1.98)
$\Delta PROFt \times Statet$	—	—	—	0.067 *** (2.73)
$\Delta PROFt$	—	—	0.276 *** (8.48)	0.235 *** (5.56)

续表

	ΔPROFt + 1	ΔPROFt + 1	ΔPROFt + 1	ΔPROFt + 1
Control Variables	Yes	Yes	Yes	Yes
Industry fixed effect	Yes	Yes	Yes	Yes
Year fixed effect	Yes	Yes	Yes	Yes
N	6586	6586	6586	6586
R – squared	0.062	0.076	0.171	0.168

注：括号内为 t 值，***、**、* 分别表示在 1%、5% 和 10% 的水平上显著。

表 5 - 6 从未来盈利能力角度进行回归，从表中可以看到，无论是政府大客户（β = - 0.225）还是政府背景大客户（β = - 0.186），其采购订单均对企业的未来盈余质量和盈利波动水平都会产生显著影响，从表中 1、2 列可以看出，政府背景大客户采购的增加能显著减小企业超常盈余应计项的程度，说明企业盈余信息质量得到了显著提升。而表中 3、4 列的结果同样表明企业未来的盈余波动性有了显著减少，企业发展的不确定性因素得到缓解，发展态势更为稳定，这些都为分析师的预测工作提供了便利与帮助。

表 5 - 6 　　　政府背景大客户采购比例与未来盈利能力和
企业市场估值的回归分析

	DAt + 1	DAt + 1	Volt	Volt
Govt	- 0.225 ** (- 2.16)	—	- 0.008 * (- 1.78)	—
Statet	—	- 0.186 * (- 1.79)	—	- 0.005 ** (- 2.03)

	DAt + 1	DAt + 1	Volt	Volt
Control Variables	Yes	Yes	Yes	Yes
Industry fixed effect	Yes	Yes	Yes	Yes
Year fixed effect	Yes	Yes	Yes	Yes
N	6586	6586	6586	6586
R – squared	0.089	0.094	0.053	0.060

注：括号内为 t 值，*** 、** 、* 分别表示在 1% 、5% 和 10% 的水平上显著。

5.4.2　政府背景大客户采购与市场估值的判断提升

最后，政府背景大客户采购对分析师的影响也很有可能透过对企业市场估值的影响来发挥作用，关于政府背景大客户采购对企业发展的研究大多发现了存在积极的促进作用，如艾冰和陈晓红（2008）、胡凯等（2013）均发现政府背景大客户采购对经济整体的自主创新有着积极的促进作用；张志宏和陈峻等（2015）、王雄元等（2014）则是从客户集中度的角度出发，发现大客户的存在实质上有助于企业整合供应链资源，改善经营状况，因此信息灵通、反应灵敏的分析师也很有可能提前识别到这一积极信号，从而实现更好、更准确的预测行为。

表 5 -7 列示了对政府背景大客户采购比例与企业市场估值水平的回归分析结果。如表所示，当本书只考虑政府大客户的订单比例时，第 1 列中 Gov 的系数显著为正（β = 1.567），表明政府大客户采购比例的提升有助于企业获得更多投资者认可，公司未来一年的

估值水平能够获得显著提升。第 2 列将国资银行与国企订单包含进政府背景大客户采购后，结果同样保持显著。以上这些发现都表明，在政府行政力量仍占据主导的中国市场，企业产品受到政府机构认可、经营销售获得政府扶持，一方面能帮助企业打开产品销路，另一方面也向资本市场传达了强烈的积极信号，帮助企业在资本市场获得了更高的认可度，公司的价值自然也就能得到投资者的追捧。出于稳健性的考虑，本书还从投资收益率的角度分析了市场对政府背景大客户订单价值的判断，当本书只考虑政府大客户的订单比例时，第 3 列中 Gov 的系数显著为正（β = 1.171），表明政府大客户采购比例越高的企业其潜在的未来股票收益率越高第 4 列将国企订单包含进政府采购后结果同样显著，与第一、二列保持了一致，再次说明政府背景大客户采购能够获得投资者的认同，提升其股票价值。

表 5 - 7　　政府背景大客户采购比例与企业市场估值判断的回归分析

	MBt + 1	MBt + 1	CARt + 1	CARt + 1
Govt	1.567 ** (2.03)	—	1.171 *** (3.16)	—
Statet	—	1.179 * (1.89)	—	0.708 ** (2.26)
Control Variables	Yes	Yes	Yes	Yes
Industry fixed effect	Yes	Yes	Yes	Yes
Year fixed effect	Yes	Yes	Yes	Yes
N	6586	6586	6586	6586
R - squared	0.053	0.060	0.218	0.253

注：括号内为 t 值，*** 、** 、* 分别表示在 1%、5% 和 10% 的水平上显著。

5.5　稳健性检验

5.5.1　样本的自选择问题

受样本所限，本书仅限于研究在年报中披露了前五大销售客户信息的上市公司。然而，上市公司是否披露客户信息的名称是企业的战略与决策，属于自愿性披露，因此未披露客户信息的企业无法被研究，不可避免地存在样本自选择问题。因为，对于选择主动披露客户信息的企业，详细的信息披露环境为分析师提供了便利性，因而对该类企业给予更准的分析预测和更高的投资评级。

针对这一问题，本书检验了企业是否披露前五大客户信息（变量 disclosure，若是为 1，否则为 0）与分析师预测的关系。表 5 - 8 列示了回归结果，可以看到，是否披露与分析师的投资评级、预测准确度和预测分析度的回归结果并不显著。这说明是否披露并不会影响分析师的推荐与分析，从而在一定程度上排除了样本自选择的问题。

表 5 - 8　企业是否披露客户信息与个股分析师预测的回归分析

	REC	REC′	FE	FE′	FD	FD′
Disclosure	0.362 (0.84)	0.258 (0.69)	− 0.019 (− 1.24)	− 0.403 (− 1.50)	− 0.010 (− 0.37)	− 0.014 (− 0.68)

	REC	REC′	FE	FE′	FD	FD′
Control Variables	Yes	Yes	Yes	Yes	Yes	Yes
Industry fixed effect	Yes	Yes	Yes	Yes	Yes	Yes
Year Fixed effect	Yes	Yes	Yes	Yes	Yes	Yes
N	12602	12602	12548	12548	12548	12548
R – squared	0.141	0.135	0.054	0.065	0.082	0.074

注：括号内为 t 值，***、**、*分别表示在1%、5%和10%的水平上显著。

5.5.2　反向因果问题

围绕分析师预测进行研究，一个特别需要注意的问题就是内生性问题。一方面，分析师评级可以作为企业好坏的重要参考来影响企业的市场声誉，反过来可能影响其获得政府背景大客户采购订单的可能性。另一方面，分析师预测准确度或分歧度可以衡量企业的信息透明度，反过来可能影响其获得政府背景大客户采购订单的多少程度；即，信息越透明的企业越有可能获得政府背景大客户采购订单。考虑到政府背景大客户采购订单与分析师预测间可能的互为因果关系，所以本书在检验假设时将滞后一期的采购订单与分析师预测进行回归，以控制可能的内生性。回归结果如表5-9所示，并未发现显著结果，在一定程度上说明不存在反向因果的问题。

表 5 − 9 个股分析师预测与政府背景大客户订单获取的回归分析

	Govt + 1	Statet + 1	Govt + 1	Statet + 1	Govt + 1	Statet + 1
RECt	0.006 (0.18)	0.032 (0.65)	—	—	—	—
FEt	—	—	− 0.617 (− 0.93)	− 0.835 (− 1.09)	—	—
FDt	—	—	—	—	− 0.463 (− 1.17)	− 0.505 (− 1.24)
Control Variables	Yes	Yes	Yes	Yes	Yes	Yes
Industry fixed effect	Yes	Yes	Yes	Yes	Yes	Yes
Year Fixed effect	Yes	Yes	Yes	Yes	Yes	Yes
N	6586	6586	6586	6586	6586	6586
R − squared	0.029	0.028	0.042	0.036	0.051	0.044

注:括号内为 t 值, *** 、 ** 、 * 分别表示在 1% 、5% 和 10% 的水平上显著。

5.6 本 章 小 结

本章从政府背景大客户采购订单如何影响分析师预测行为入手,探讨可能存在的影响渠道。实证结果发现,在获得订单企业的所有权性质上,民营企业获得订单更能提高分析师的预测。宏观分析师的存在可以更好帮助个股分析师解读政府背景大客户采购对企业的正面影响。另外,政府背景大客户采购比例越高,企业的盈利增长往往越稳定,企业的市场估值往往越高,且企业的盈余质量往往越高,这些都能较好帮助分析师更准确做出分析判断。

第6章

政府背景大客户与审计
费用的实证研究

作为市场经济的主体，戈斯曼、凯莉、奥尔森和沃菲尔德
（Gosman，Kelly，Olsson & Warfield，2004）以及金姆和韦默洛夫
（Kim & Wemmerlov，2015）发现企业的客户关系直接影响它们的经
营活动、成本结构与盈利水平，且供应链上企业间的相互影响关系
也早已被市场投资者所洞察。近年来，学术界逐步关注到被审计企
业的利益相关方如何影响审计费用上，尤其是企业的客户群体。因
此企业的客户特征虽然不直接影响其审计费用，但可以通过经济业
务上的往来影响企业的自身特征，进而作用到其审计费用的变
迁上。

客户关系既有可能通过加强供应链整合来降低审计费用，亦有
可能暗含风险从而提高审计费用，因此普通的企业客户关系对企业
发展的影响是一柄双刃剑，需要结合特定环境具体考虑。政府背景
客户对市场认知与企业审计费用有着独特的影响形式。

本章首次从供应链的视角，关注政府背景大客户对审计费用的
影响，尤其是从采购主体的层级与客户的稳定性出发，验证了订单

来源的稳定性、层级如何促进帮助企业降低审计成本。通过审计风险的路径揭示了政府背景大客户的存在如何影响审计收费，是对供应链金融研究文献的重要补充，对新常态下我国资本市场的发展有着重要借鉴意义。

本章共包括 7 个小节。第一部分为综述部分与提出假说，在梳理国内外理论分析的基础上，提出了本章节的研究假说；第二部分为研究主体，提出了本书的模型设计和检验过程；第三部分为结果分析，展示了描述性统计的相关结果，并对其进行了回归性分析；第四部分进行了异质性检验；第五部分为进一步检验；第六部分检验了研究稳健性，最后一部分对全章的研究结果进行总结。

6.1　政府背景大客户与审计费用的研究现状与研究假说

6.1.1　政府背景大客户与审计费用

政府背景大客户不同于普通企业客户，来自政府背景大客户的采购订单作为需求端的一种政府干预手段，通常着眼于鼓励企业生产高标准、符合社会需求的产品，因此这种类型的采购实质上是一种介于市场交易行为与政府扶持行为之间的特殊经济手段，兼具政策扶持与满足需求两大功能，而非单纯的买卖客户关系。与此同时，丹等人（Dan et al.，2016）发现政府背景客户还具有天然的低风险、高需求等特点（刘云等，2017），其采购订单通常有国家信用的保障，有力确保了企业未来收入的实现与经营的安全，形成一种造血式的间接扶持方式。

现有研究发现，供应商与客户之间常常处于以合作为主或者以竞争为主，即"收益效应"和"风险效应"两种对立的观点。"收益效应"是指，供应链成员之间的合作能够增加由信息共享、协作与信任，从而潜在增加企业价值。政府背景客户的存在对企业来说，可以在供应链上受益于与此类大客户的资源合作，良好的政企客户关系降低企业发展运营面临的各项风险。诸如，约翰逊等人（Johnson et al.，2010）以及帕塔托卡斯（Patatoukas，2012）发现客户可促使企业提高管理效率，降低销售费用，实现更好的长期业绩，带来较高的现金流收益与较稳定营业收入，因而能降低企业面临的风险。

"风险效应"，即强调拥有议价优势的大客户会迫使企业让步，因此，凯尔和沙赫布尔（Kale & Shahrur，2007）以及王（Wang，2012）发现同一个或几个主要客户保持长期的客户与供应商关系可能会使企业付出较高的成本，并面临较大的决策风险与经营风险。传统政府干预手段对经济的影响研究中，关于政府补贴等政策的实施效果上仍存在较大的认识冲突与矛盾，特别是一部分学者们认为政府补贴并不能有效促进企业的发展（逯东等，2012）。政府背景大客户的采购活动不同于传统的政府扶持手段，它并不是一种单纯的资金或政策支持（阮征等，2010；刘京焕等，2013；李方旺，2015；姜爱华和朱晗，2018）。政府采购实质上兼具政策扶持与满足需求两大功能，而非单纯的政策补贴或客户关系，防止扶持过程中出现的所谓"单向输血"以及"僵尸企业"的问题（王红建等，2014；赵璨等，2015），有利于企业在发展壮大过程中形成良性循环。

综上所述，政府背景客户关系既有可能通过"扶持效应"使企业受惠于政府相关政策的支持，也能帮助企业从大客户获得"收益效应"助推其发展，最终帮助企业缓解其面临的风险与不确定性，进而降低审计风险，从而实现审计费用的降低。由此本章提出以下假说。

H6 − 1：政府背景大客户的存在有助于降低企业审计费用。

6.1.2　订单稳定性与审计费用

在上述假说的基础上，本章的研究还尝试从订单来源的稳定性来探究客户特征对审计费用的影响。李馨子（2015）的研究中将政府补助分类为偶发型、政策型以及项目型三大类，并发现持续性不同的政府补助对企业的盈利水平影响不一致。与之类似，政府背景大客户的采购订单也同样存在持续性的差别，部分企业凭借优异的产品质量或者良好的政商关系获得稳定持续的政府背景订单，而另一些企业则只能偶然获得政府背景客户的订单且难以为继。相对而言，稳定的政府背景订单说明政府背景大客户是企业业绩的重要来源之一，能够持续发挥政府大客户、国有企业采购对企业的影响；而零星偶然的政府背景订单并不能构成企业稳定持续的销售来源，说明政府背景客户对这些企业而言并非稳定持久的客户群体，因此它们对企业的促进作用难以维系。

戈斯曼、凯莉、奥尔森和沃菲尔德（Gosman, Kelly, Olsson & Warfield, 2004）研究发现，稳定客户有利于稳定供应链，进而使得企业具有更高收益和收益稳定性。事实上，稳定的政府背景大客户也通常是企业减少收入波动的保障，稳定的盈利往往带来良好的前景与预期。同时，当企业拥有政府背景大客户后，他们也可以发挥监督治理效应，从而使得企业管理者进行机会主义行为的动机下降，盈余管理程度降低，进而提高企业的盈利质量。因此，稳定的客户关系有助于确保业绩、降低风险，进而实现审计费用的降低。综上，提出以下假说。

H6－2：相较于偶发性的政府背景大客户，持续稳定的政府背景大客户关系更有助于降低审计费用。

6.1.3 采购层级与审计费用

我国在国家治理模式上存在十分鲜明的行政层级差异，形成了中央与地方两大基本格局，而在庞大的政府体制框架下，诸如补助、采购等政府政策都不可避免受到各种影响，因此各级政府在具体的政策方针制定落实上也往往会存在较多不同的考量。体现在政府背景客户的采购上，中央政府通常在制定落实政策时既要纵览全局、宏观把控，又面临着相对更多的关注监督，因此这一层级的政府背景采购相对更加公平透明，更多起到模范带头与宏观调控的作用。而地方政府由于监督机制中可能存在的局限，通常在采购上存在一定的短视，因此其采购往往受到更多因素影响。近年来，地方政府采购出现一定程度的乱象。因此，相对于流程完善、管理合理的中央层级政府背景客户，地方层级的政府背景客户可能在支付意愿与政策落实上暗含更多的风险，提升了企业的审计风险，进而增加审计费用。基于这一现象，提出以下假说。

H6 - 3：相较于地方层级的政府背景大客户，中央层级的政府背景大客户关系更有助于降低审计费用。

6.1.4　融资约束与审计费用

随着我国经济进入新常态，最近几年大量企业出现债务违约与融资困难的问题，市场整体面临的融资约束问题非常严重，直接影响了企业的经营风险与经济稳定。卡普兰和津盖尔斯（Kaplan & Zingales，1997）发现，把融资约束定义为由于市场的不完备（信息不对称、代理成本等）导致的企业内部融资成本与外部融资成本存在明显差异。通常当企业面临较严重的融资约束时，其财务状况也不容乐观（邓可斌，2014），这样的企业往往在经营发展上面临更大的风险与挑战（吴贾等，2014；欧定余和魏聪，2016）。而审计收费作为风险、投入等一系列因素的综合产物，既体现了审计师预期的审计资源投入，又反映着审计师对因潜在审计风险而要求的风险补偿。贝蒂（Beatty，1993）就发现被审计客户的财务状况越差，审计师承受的诉讼风险越大，因而向客户要求的或有诉讼保证金与审计费用越高。因此，当企业陷入融资约束的困境时，审计师考虑到既有风险，通常会提升企业所需承担的审计费用，而在这种融资约束较严重的情况下，政府背景大客户的存在无疑能为企业雪中送炭，通过提供稳定可靠的销售渠道来缓解其面临的经营风险，从而有效降低其审计费用。且相对于融资约束较弱的企业，政府背景客户的存在很可能对陷入融资困境的企业产生更大的边际影响效力。基于这一逻辑，从企业特征的角度提出以下假说。

H6－4：相较于融资约束程度较低的企业，融资约束程度较高的企业具有政府背景大客户关系更有助于降低审计费用。

6.2　研究设计与样本选择

6.2.1　样本说明

如前文所述，由于并未有政策强制要求上市公司在年报中披露具体的客户名称，本章梳理的政府背景大客户数据与前面章节内容一致。其他财务数据均来自 CSMAR 数据库。

通过数据筛选，本章最终手工整理获得 1496 家上市公司样本，共计 6586 个公司年度观测值。

6.2.2　模型设计

为了检验政府背景大客户对企业审计费用的影响，本书借鉴王雄元等（2014）与酒莉莉和刘嫒嫒（2018）的审计费用分析模型，设计了如下的回归模型检验本章的假说。

$$Auditfee_{i,t} = \beta_0 + \beta_1 Procurement_{i,t} + \beta_2 Size_{i,t} + \beta_3 Lev_{i,t} + \beta_4 Sale_{i,t}$$

$$+ \beta_5 Opi_{i,t} + \beta_6 Current_{i,t} + \beta_7 ARInv_{i,t} + \beta_8 Return_{i,t}$$

$$+ \beta_9 Sig_{i,t} + \beta_{10} Roa_{i,t} + \beta_{11} Big4_{i,t} + \beta_{12} Sub_{i,t}$$

$$+ \beta_{13} SOE_{i,t} + \varepsilon \qquad （模型 5）$$

回归模型中各变量的含义如下：

（1）被解释变量：

因变量 Auditfee，衡量公司 i 在第 t 期的年度审计费用的自然对数。

（2）解释变量：

自变量 Procurement，为第 t 期政府背景大客户采购额占企业总销售额的比例。在我国特殊的经济体制与社会背景下，国家大政方针与发展规划通常都是由政府主导，国有企业配合支持，因此回归分析中，Procurement 分别用政府大客户（Govper）和政府背景大客户（Stateper）来代表。

Gov 表示是否有政府大客户，为哑变量，若公司 i 在第 t 期前五大客户有政府大客户则为 1，否则为 0。

State 表示是否有政府背景大客户，为哑变量，若公司 i 在第 t 期前五大客户有政府背景则为 1，否则为 0。

Govper 表示政府大客户订单占比，为第 t 期政府大客户的采购额占企业总销售额的比例。

Stateper 表示政府背景大客户订单占比，为第 t 期政府大客户以及国有企业的采购额占企业总销售额的比例。

鉴于政府背景采购与政府补助都是政府干预经济的重要手段，很多获得政府背景客户的企业往往也会同时获得大量政府补助，为了避免两者对企业经营发展的内生性影响，本书在控制变量中加入了公司 i 同期获得的政府补助（Sub）。其他控制变量包括企业的财务指标，如公司规模（Size）、负债水平（Lev）、销售收入（Sale）、流动比率（Current）、应收账款与存货占比（ARInv）以及资产回报率（Roa），市场反应指标，如股票回报率（Return）、股票回报波动性（Sig），审计指标，如是否四大审计（Big4）及审计意见（Opi）以及企业性质指标（SOE）。所有回归结果均在公司层面进行了 cluster 调整，变量详细定义见表 6 – 1。

表 6 – 1   变量定义

变量符号	变量名称	变量定义
因变量		
Auditfeeit	审计费用	公司 i 在第 t 期的年度审计费用的自然对数
L_litAmountit	被告涉诉金额	公司 i 在第 t 期被起诉金额/第 t 期公司营业收入
Varroait	公司经营风险	公司 i 在样本期间 ROA 的方差
自变量		
Govit	是否有政府大客户	哑变量，若公司 i 在第 t 期前五大客户有政府大客户则为 1，否则为 0
Stateit	是否有政府背景大客户	哑变量，若公司 i 在第 t 期前五大客户有政府背景则为 1，否则为 0
Govperit	政府大客户订单占比	第 t 期政府大客户的采购额占企业总销售额的比例
Stateperit	政府背景大客户订单占比	第 t 期政府大客户以及国有企业的采购额占企业总销售额的比例
控制变量		
Sizeit	公司规模	第 t 期期末总资产的自然对数

变量符号	变量名称	变量定义
Levit	资产负债率	第 t 期期末总负债与总资产的比重
Saleit	销售收入	第 t 期销售收入总额取自然对数
Opiit	审计意见	哑变量，若公司 i 在第 t 期被出具非标准无保留审计意见，取值为 1，否则为 0
Currentit	流动比率	第 t 期期末，流动资产/流动负债
ARInvit	应收账款与存货占比	第 t 期期末，应收账款与存货之和除以年末总资产
Returnit	股票回报率	股票 i 在第 t 期的年收益率
Sigit	股票回报波动性	第 t 期每日股票回报率的标准差
Roait	总资产报酬率	第 t 期净利润/总资产余额
Big4it	是否"四大"审计	哑变量，如果公司 i 在第 t 期由国际四大审计，取值为 1，否则为 0
SOEit	是否是国企	哑变量，如果公司 i 在第 t 期属于国企（按实际控制人属性），取值为 1，否则为 0
Subit	政府补助	第 t 期期末政府补助总额除以 t 期期末总资产

6.3　实 证 结 果

6.3.1　描 述 性 统 计

表 6-2 对变量进行了描述性统计。从中可以发现，在主动披露客户信息的样本公司中，国有企业占据样本主体。而针对订单来源

的统计可以发现，在获得政府采购订单的样本中，政府大客户直接采购占样本公司销售额的平均比例超过了13%，如果进一步考虑加上国有企业采购，则这一比例将近25%，说明政府背景大客户对企业的运营发展有着重大影响，从而影响资本市场对其的认知。另外，衡量企业审计费用的 Auditfee 与诉讼风险 L_litAmount 及经营风险 Varroa 在分布上也有较大差异，这为研究政府背景大客户如何影响企业审计费用与审计风险提供了潜在的可行性。

表 6-2　　　　　　　　　　变量描述性统计

变量名	均值	样本数	标准差	25%	中位数	75%
Auditfeeit	13.117	6586	0.603	12.854	13.080	13.552
L_litAmountit	0.001	6586	0.007	0	0	0.009
Varroait	0.053	6586	0.037	0.028	0.046	0.653
Govit	0.118	6586	0.322	0	0	0
Stateit	0.667	6586	0.471	0	1	1
Govperit（%）	13.101	774	16.192	2.857	6.483	16.370
Stateperit（%）	24.174	4394	22.549	7.954	15.456	33.262
Subit	0.011	6586	0.020	0.002	0.005	0.013
Sizeit	23.851	6586	1.999	22.480	25.133	27.349
Levit	0.468	6586	0.353	0.337	0.476	0.582
Saleit	19.328	6586	1.614	17.425	19.615	19.996
Opiit	0.956	6586	0.240	1	1	1

续表

变量名	均值	样本数	标准差	25%	中位数	75%
Currentit	1.398	6586	1.180	1.119	1.241	1.858
ARInvit	0.285	6586	0.152	0.170	0.267	0.391
Returnit	0.396	6586	1.494	−0.327	0.005	1.217
Sigit	0.252	6586	0.212	0.094	0.209	0.326
Roait	0.037	6586	0.081	0.004	0.032	0.070
Big4it	0.050	6586	0.179	0	0	0
SOEit	0.598	6586	0.506	0	1	1

6.3.2　主要实证结果

　　为了检验政府背景大客户对企业审计费用的影响，表6-3依据模型进行相应的回归分析，结果如表6-3中所示，第1、第2列引入虚拟变量 Gov 和 State，从有无政府（政府背景）客户订单角度进行0-1变量分析，发现有政府大客户与审计费用呈负相关（β = −0.136），有政府背景大客户与审计费用呈负相关（β = −0.118），且结果均在10%水平上显著，这表明有政府背景大客户的企业审计费用显著低于没有该类型客户的企业。第3列、第4列引入连续变量，从政府（政府背景）大客户采购额占销售总额的比重角度分析，发现政府大客户与审计费用呈负相关（β = −0.354），且结果在5%水平上显著；政府背景大客户与审计费用亦呈负相关（β = −0.309），且结果在1%水平上显著，说明政府（政府背景）采购额占销售总额比重越高的企业，审计费用越显著低于比重低的企业。值得注意的是，表 6 - 3 结果中有无政府（政府背景）客户采购的结果较政府（政府背景）客户采购额占比的结果显著性明显偏弱，考虑到采购额占比指标能更合理衡量其对企业的影响程度，因此本书在后续的分析研究中主要采用政府背景大客户采购额占企业销售总额比值作为主要的研究变量。此外，Sub 的回归系数为正，虽然结果不显著，但表明政府补助起到了加大审计成本的作用。控制变量当中，与已有文献的发现相似，规模越大、销售收入越多，以及得到标准审计意见和由四大事务所担任审计的公司，审计费用越高，且结果在 1% 水平上显著。综上表明，政府背景大客户能够给企业带来审计费用降低的影响，与假说 H6 - 1 的预期相一致。

表 6 - 3　　　　　　　政府背景大客户与审计费用的回归分析

	Auditfeeit	Auditfeeit	Auditfeeit	Auditfeeit
Govit	−0. 136 * (−1. 74)	—	—	—
Stateit	—	−0. 118 * (−1. 69)	—	—
Govperit	—	—	−0. 354 ** (−2. 25)	—
Stateperit	—	—	—	−0. 309 *** (−3. 16)
Subit	1. 146 (1. 26)	0. 818 (1. 25)	1. 115 (1. 23)	0. 962 (1. 10)
Sizeit	0. 298 *** (5. 24)	0. 275 *** (6. 39)	0. 349 *** (5. 41)	0. 285 *** (4. 72)

续表

	Auditfeeit	Auditfeeit	Auditfeeit	Auditfeeit
Levit	-0.048 (-0.52)	-0.057 (-0.62)	-0.064 (-0.49)	-0.072 (-0.54)
Saleit	0.201*** (3.66)	0.182*** (3.32)	0.164*** (3.86)	0.153*** (3.83)
Opiit	0.106*** (3.35)	0.095*** (3.73)	0.143*** (3.77)	0.121*** (3.47)
Currentit	-0.007 (-1.06)	-0.006 (-0.95)	-0.005 (-0.90)	-0.007 (-0.96)
ARInvit	-0.034 (-0.69)	-0.030 (-0.60)	-0.044 (-0.53)	-0.032 (-0.68)
Returnit	-0.028** (-2.17)	-0.027* (-1.75)	-0.024** (-2.00)	-0.026** (-1.96)
Sigit	0.852 (0.81)	0.815 (1.04)	0.834 (0.90)	0.942 (0.79)
ROAit	-0.345 (-1.08)	-0.305 (-1.23)	-0.308 (-1.09)	-0.292 (-1.04)
Big4it	0.731*** (6.41)	0.987*** (4.85)	0.795*** (5.51)	0.932*** (6.07)
SOEit	-0.065*** (-2.87)	-0.048*** (-4.31)	-0.056*** (-4.31)	-0.064*** (-2.91)
Constant	5.977** (2.10)	7.375** (2.33)	5.659** (2.39)	5.341*** (2.74)
Industry fixed effect	Yes	Yes	Yes	Yes
Year fixed effect	Yes	Yes	Yes	Yes
N	6586	6586	6586	6586
R-squared	0.629	0.617	0.648	0.652

注：括号内为 t 值，***、**、*分别表示在1%、5%和10%的水平上显著。

6.4　分样本检验

在上述研究发现的基础上，接下来本书从政府背景大客户与企业自身的特征出发，进行了一系列分样本检验，主要关注了订单稳定性、采购层级以及企业面临的融资约束程度等因素的影响。

6.4.1　订单稳定性与审计费用

表 6 – 4 列示了相应的回归结果，将订单按时长分为四类，最长的组为稳定性订单，最短的组为偶发性订单。结果发现，对于稳定的大客户关系来说，政府大客户与审计费用呈显著负相关关系（β = – 0.368），而政府背景大客户与审计费用也呈负相关关系（β = – 0.317），且结果均在 1% 水平上显著。与之形成鲜明对比的是，对于偶发性订单来说，仅有政府大客户的采购订单与审计费用呈负相关关系（β = – 0.326），且结果仅在 10% 水平上显著，而政府背景大客户则未得出显著结果。尽管两样本得出的结果均呈现出负相关关系，但是稳定性订单的回归系数绝对值更大（ – 0.368 < – 0.326， – 0.317 < – 0.298），且显著水平更高，进一步对两组样本中的系数进行 Chow 检验也表明二者间的差异所在，从表 6 – 4 中最后一行的结果可以看到，Govper 与 Stateper 的系数差异分别在 5% 与 10% 的水平上显著。这些统计结果均有力说明稳定性的政府背景大客户采购订单能有效为企业带来审计费用的降低，符合

假说 H6 - 2。

表 6 - 4　　政府背景大客户与审计费用的回归分析

(偶发性 vs. 稳定性)

变量	偶发性 Auditfeeit	稳定性 Auditfeeit	偶发性 Auditfeeit	稳定性 Auditfeeit
Govperit	- 0. 326 * (- 1. 67)	- 0. 368 *** (- 2. 84)	—	—
Stateperit	—	—	- 0. 298 (- 1. 52)	- 0. 317 *** (- 3. 07)
Subit	1. 187 (1. 16)	1. 217 (1. 24)	0. 905 (0. 93)	0. 992 (0. 99)
Sizeit	0. 363 *** (5. 76)	0. 302 *** (6. 11)	0. 295 *** (4. 95)	0. 342 *** (5. 01)
Levit	- 0. 053 (- 0. 70)	- 0. 067 (- 0. 62)	- 0. 067 (- 0. 57)	- 0. 062 (- 0. 51)
Saleit	0. 206 *** (2. 78)	0. 157 *** (3. 66)	0. 164 *** (4. 03)	0. 173 *** (3. 42)
Opiit	0. 124 *** (3. 23)	0. 143 *** (3. 58)	0. 100 *** (3. 16)	0. 096 *** (3. 35)
Currentit	- 0. 005 (- 1. 10)	- 0. 005 (- 1. 07)	- 0. 006 (- 1. 09)	- 0. 007 (- 1. 05)
ARInvit	- 0. 031 (- 0. 49)	- 0. 036 (- 0. 42)	- 0. 038 (- 0. 64)	- 0. 033 (- 0. 55)
Returnit	- 0. 027 * (- 1. 86)	- 0. 024 ** (- 2. 01)	- 0. 028 ** (- 2. 24)	- 0. 028 ** (- 2. 20)
Sigit	1. 015 (0. 99)	0. 797 (0. 71)	1. 006 (1. 04)	1. 026 (0. 90)

变量	偶发性 Auditfeeit	稳定性 Auditfeeit	偶发性 Auditfeeit	稳定性 Auditfeeit
ROAit	−0.279 (−0.92)	−0.301 (−1.11)	−0.295 (−0.86)	−0.267 (−0.93)
Big4it	1.015*** (4.68)	0.740*** (5.40)	0.887*** (5.35)	1.042*** (6.02)
SOEit	−0.054*** (−4.20)	−0.066*** (−3.27)	−0.060*** (−2.94)	−0.064*** (−3.73)
Constant	5.595*** (2.62)	5.531** (2.12)	7.185* (1.89)	6.867* (1.94)
Industry fixed effect	Yes	Yes	Yes	Yes
Year fixed effect	Yes	Yes	Yes	Yes
N	1652	1648	1652	1648
R − squared	0.639	0.664	0.652	0.670
Govper/Stateper：偶发性 = 稳定性〔p − value〕	0.029		0.076	

注：括号内为 t 值，*** 、** 、*分别表示在 1%、5% 和 10% 的水平上显著。

6.4.2　采购层级与审计费用

接下来的表 6 − 5 考虑了采购层级所带来的影响，在前人研究的基础上，本书将政府背景大客户分为中央政府（央企）层级和地方政府（地方国企）层级进行对比研究，结果如表 6 − 5 所示。在不考虑控制变量时，中央层级的政府采购（Govper − Central）与审计费用呈负相关（$\beta = -0.238$），地方层级的政府采购（Govper −

Local）与审计费用呈负相关（β = - 0.098），且结果分别在 1% 、10% 水平上显著；同样，中央层级的政府背景客户采购（Stateper - Central）与审计费用呈负相关（β = - 0.219），地方层级的政府背景客户采购（Stateper - Central）与审计费用呈负相关（β = - 0.100），且结果分别在 1% 、10% 水平上显著。比较发现，中央层级的回归系数较地方层级的回归系数绝对值更大，显著性更高，说明相较于地方层级来说，中央层级的政府（政府背景）采购更能降低企业的审计成本。而在加入控制变量后，中央层级的政府采购与审计费用依然呈负相关（β = - 0.225），且结果在 5% 水平上显著，而地方层级的政府采购与审计费用亦呈不显著的负相关关系（β = - 0.146）；同样，中央层级的政府背景客户采购与审计费用呈负相关（β = - 0.187），地方层级的政府背景客户采购与审计费用呈负相关（β = - 0.102），且结果分别在 5% 与 10% 水平上显著。比较发现，中央层级的回归系数较地方层级的回归系数绝对值更大，且显著性水平更高，这一结果说明无论是政府采购还是政府背景采购的订单，相较于地方层级来说，中央层级的政府背景大客户对审计费用的影响效力更大，与假说 H6 - 3 的预期保持一致。

出于稳健性的考虑，本书还通过计算各变量的标准化回归系数来检验中央层级政府背景客户对企业审计费用的影响是否大于地方层级政府背景客户，回归结果显示，在表 6 - 5 第 1 列、第 3 列的回归分析中，Govper - Central（Govper - Local）的标准化回归系数分别为 - 0.028（ - 0.010）与 - 0.024（ - 0.013），Govper - Central 的系数在绝对值上均明显大于 Govper - Local，说明中央层级的政府客户影响更大；而在表 6 - 5 第 2 列、第 4 列的回归分析中，Stateper -

Central（Stateper – Local）的标准化回归系数分别为 – 0.020
（– 0.009）与 – 0.015（– 0.008），Stateper – Central 的系数在绝对
值上也都明显大于 Stateper – Local，说明中央层级的政府背景客户影
响更大。上述结果均与本书表 6 – 5 中的回归结论保持了一致。

表 6 – 5　　　各层级政府背景大客户与审计费用的回归分析
（中央 Vs. 地方）

	Auditfeeit	Auditfeeit	Auditfeeit	Auditfeeit
Govper – Centralit	– 0.238 *** (– 2.88)	—	– 0.225 ** (– 2.48)	—
Govper – Localit	– 0.098 * (– 1.70)	—	– 0.146 (– 1.64)	—
Stateper – Centralit	—	– 0.219 *** (– 3.01)	—	– 0.187 ** (– 2.29)
Stateper – Localit	—	– 0.100 * (– 1.67)	—	– 0.102 * (– 1.86)
Subit	—	—	1.054 (1.27)	0.941 (0.95)
Sizeit	—	—	0.353 *** (7.26)	0.356 *** (4.38)
Levit	—	—	– 0.065 (– 0.77)	– 0.044 (– 0.76)
Saleit	—	—	0.141 ** (2.44)	0.224 *** (4.14)
Opiit	—	—	0.114 *** (3.16)	0.130 *** (3.54)

续表

	Auditfeeit	Auditfeeit	Auditfeeit	Auditfeeit
Currentit	—	—	-0. 006 (-0. 83)	-0. 006 (-0. 67)
ARInvit	—	—	-0. 036 (-0. 45)	-0. 035 (-0. 68)
Returnit	—	—	-0. 021 ** (-2. 30)	-0. 031 * (-1. 77)
Sigit	—	—	1. 078 (0. 89)	0. 824 (1. 03)
ROAit	—	—	-0. 345 (-1. 22)	-0. 229 (-1. 46)
Big4it	—	—	0. 914 *** (4. 57)	0. 667 *** (3. 95)
SOEit	—	—	-0. 057 *** (-3. 34)	-0. 062 *** (-3. 81)
Constant	13. 010 *** (2. 98)	12. 998 *** (2. 77)	7. 693 *** (2. 92)	5. 023 ** (2. 03)
Industry fixed effect	Yes	Yes	Yes	Yes
Year fixed effect	Yes	Yes	Yes	Yes
N	6586	6586	6586	6586
R – squared	0. 068	0. 061	0. 655	0. 661

注：括号内为 t 值，*** 、** 、* 分别表示在 1%、5% 和 10% 的水平上显著。

6.4.3　融资约束与审计费用

表 6 - 6 则从企业特征的角度将其面临的融资约束程度划分为

高、低两类,对上市公司在面临极端困境时进行压力测试。回归结果表明,在企业面临较高的融资约束时,政府(政府背景)大客户采购额占比与审计费用间呈现更为显著的负相关关系,其系数与显著性水平都明显优于面临较低融资约束的样本,而表6-6中最后一行对两组样本系数进行的 Chow 检验也佐证了这一差异的存在。这说明,相较于融资约束程度较低的企业,融资约束程度较高的企业中政府背景大客户发挥的边际影响效力更强,佐证了假说 H6-4 的成立。

表6-6　　　　政府背景大客户与审计费用的回归分析

(融资约束程度高 Vs. 低)

	高 Auditfeeit	低 Auditfeeit	高 Auditfeeit	低 Auditfeeit
Govperit	-0.388 *** (-2.76)	-0.314 * (-1.78)	—	—
Stateperit	—	—	-0.335 *** (-2.80)	-0.276 * (-1.92)
Subit	1.043 (1.38)	1.054 (1.40)	0.870 (0.96)	0.921 (1.23)
Sizeit	0.264 *** (5.76)	0.403 *** (4.49)	0.342 *** (7.03)	0.332 *** (7.37)
Levit	-0.058 (-0.64)	-0.045 (-0.73)	-0.048 (-0.57)	-0.064 (-0.55)
Saleit	0.228 *** (4.10)	0.230 *** (3.17)	0.208 *** (2.92)	0.201 *** (2.85)

续表

	Auditfeeit	Auditfeeit	Auditfeeit	Auditfeeit
Opiit	0. 100 *** (3. 73)	0. 146 *** (4. 85)	0. 117 *** (3. 77)	0. 142 *** (3. 04)
Currentit	− 0. 008 (− 0. 74)	− 0. 005 (− 0. 99)	− 0. 007 (− 1. 20)	− 0. 005 (− 1. 13)
ARInvit	− 0. 039 (− 0. 54)	− 0. 041 (− 0. 56)	− 0. 040 (− 0. 57)	− 0. 030 (− 0. 71)
Returnit	− 0. 035 * (− 1. 78)	− 0. 021 ** (− 2. 20)	− 0. 023 ** (− 2. 00)	− 0. 034 * (− 1. 94)
Sigit	1. 033 (0. 84)	0. 734 (0. 82)	0. 969 (0. 91)	1. 006 (0. 70)
ROAit	− 0. 245 (− 1. 07)	− 0. 286 (− 1. 45)	− 0. 327 (− 1. 37)	− 0. 333 (− 0. 97)
Big4it	1. 051 *** (4. 12)	1. 042 *** (3. 90)	0. 987 *** (5. 40)	0. 759 *** (5. 74)
SOEit	− 0. 047 *** (− 3. 52)	− 0. 039 *** (− 3. 02)	− 0. 063 *** (− 4. 67)	− 0. 062 *** (− 3. 36)
Constant	6. 231 ** (2. 39)	6. 167 ** (2. 49)	5. 277 * (1. 93)	4. 705 ** (2. 15)
Industry fixed effect	Yes	Yes	Yes	Yes
Year fixed effect	Yes	Yes	Yes	Yes
N	3293	3293	3293	3293
R − squared	0. 667	0. 616	0. 638	0. 633
Govper/Stateper： 高 = 低 [p − value]	0. 010		0. 023	

注：括号内为 t 值，***、**、* 分别表示在1%、5%和10%的水平上显著。

6.5　进一步分析

政府背景大客户相对于普通企业客户而言，有国家信用与财政作为后盾，基本不存在风险与倒闭可能，因此很好地克服了客户较集中对企业的潜在弊端，使得其面临的审计风险相对较低。尽管传统的政府干预手段越频繁，上市公司受到的影响就越大（陈德球等，2011；张敏等，2012；陈艳艳和罗党论，2012；白俊和连立帅，2014），其风险也随之上升，但以采购订单形式存在的政府干预手段，并不直接干涉企业的生产经营，而是有机结合了产品需求与政策导向，使得满足生产要求与政策方针的企业可以得到充分、稳定的发展，这对降低企业的审计风险而言无疑是有益无害。而审计风险是政府背景客户对审计定价产生影响的主要路径，较低的审计风险往往能有效降低企业面临的审计费用。政府背景大客户的存在可能会通过减少审计风险，从而实现审计费用的降低，因此本章试图从风险的角度进一步探究政府背景大客户对审计费用的影响路径。

表 6 - 7 则借鉴陈正林（2016）与傅超和吉利（2017）的方法利用公司涉诉金额与 ROA 的波动性来衡量不同维度的审计风险，并参考林晚发等（2018）的研究，构建相应的中介效应模型进行分析，并对中介效应进行检验。结果如表 6 - 7 所示，A 部分是中介变量审计风险与政府背景客户的回归结果，其中第 1 列显示政府采购额占比与公司涉诉金额呈负相关（β = - 0.005），且结果在 5% 水

平上显著；第3列展示政府采购额占比与 ROA 的波动性呈负相关（β = - 0. 071），且结果也在5%水平上显著；与之类似，第2列、第4列中，政府背景采购额占比与审计风险的两个指标均呈负相关（β = - 0. 003，β = - 0. 062），且结果均在5%水平上显著，以上结果均表明有政府背景大客户的企业面临的经营风险与诉讼风险均更低，从而有效降低了企业面临的审计风险。而表6 - 7 中 B 部分则是同时加入政府背景大客户与审计风险变量的回归结果，本书发现在政府背景客户两种不同衡量方法下，政府背景客户订单比例和审计风险的回归系数均显著不为0，这说明审计风险是政府背景大客户影响审计费用的部分中介变量。在此基础上，本书也进行了 Sobel检验，统计结果显示 Z 值亦明显大于临界值 0. 97（Govper：3. 11，Stateper：3. 35），这说明审计风险的确是政府背景客户关系影响审计费用的一个重要中介。

表6 - 7　　　　　　　　　审计风险的中介效应分析

A 政府背景大客户与审计风险			
	L_litAmountit	L_litAmountit	Varroait	Varroait
Govperit	- 0. 005 ** (- 2. 24)	—	- 0. 071 ** (- 2. 09)	—
Stateperit	—	- 0. 003 ** (- 2. 51)	—	- 0. 062 ** (- 2. 17)
Control Variables	Yes	Yes	Yes	Yes
Industry fixed effect	Yes	Yes	Yes	Yes
Year fixed effect	Yes	Yes	Yes	Yes
N	6586	6586	6586	6586
R - squared	0. 093	0. 084	0. 076	0. 082

B 政府背景大客户、审计风险与审计费用			
	Auditfeeit	Auditfeeit	Auditfeeit	Auditfeeit
Govperit	−0.361 * (−1.90)	—	−0.376 * (−1.68)	—
Stateperit	—	−0.325 * (−1.81)	—	−0.340 * (−1.95)
L_litAmountit	22.009 ** (2.18)	14.556 *** (2.98)	—	—
Varroait	—	—	0.305 ** (2.49)	0.338 ** (2.27)
Control Variables	Yes	Yes	Yes	Yes
Industry fixed effect	Yes	Yes	Yes	Yes
Year fixed effect	Yes	Yes	Yes	Yes
N	6586	6586	6586	6586
R − squared	0.650	0.667	0.659	0.664

注：括号内为 t 值，*** 、** 、* 分别表示在 1% 、5% 和 10% 的水平上显著。

6.6 稳健性检验

6.6.1 国际准则影响

从 2007 年 1 月 1 日起，中国上市公司正式执行新的以风险为导向的会计准则，此举基本实现了中国会计准则与国际会计准则的趋同。研究表明，IFRS 的强制实施显著影响审计费用；同时，考虑到

2007 年样本量最小，仅占总样本数量的 1%。因此，本书删除 2007 年样本进行回归，表 6 - 8 的第 1、第 2 列中列示回归结果，发现政府采购额占比与审计费用呈负相关（β = -0.327），政府背景采购额占比也与审计费用呈负相关（β = -0.302），且结果分别在 5%、1% 水平上显著，说明拥有政府背景大客户关系能够降低审计费用，与假说 H6 - 1 的预期相一致。

6.6.2　全样本回归

考虑到当企业客户过于分散时，难以衡量单一类型客户对企业销售的影响，因此在前文的数据处理时去除前五大客户集中度小于 1% 的样本。为保证结果的可靠性，采用全样本进行回归，表 6 - 8 的第 3、第 4 列中列示回归结果，发现政府采购额占比与审计费用呈负相关（β = -0.245），政府背景采购额占比也与审计费用呈负相关（β = -0.215），且结果均在 10% 水平上显著，说明即使在全样本范围内，获得政府采购订单越多审计费用越低的结论依然存在。

6.6.3　倾向匹配法

为控制企业获得政府采购订单存在的内生性问题，本书还采用倾向得分匹配法（PSM），为每一个获得政府采购订单的企业匹配一个没有获得订单的企业，并按政府采购和政府背景采购分别回归，表 6 - 8 的第 5、第 6 列中列示回归结果，发现政府采购额占比与审计费用呈负相关（β = − 0.359），政府背景采购额占比与审计费用也呈负相关（β = − 0.306），且结果均显著。这一结果亦表明，获得政府采购订单的企业其审计成本显著低于未获得订单的企业。

表6 – 8　　　　政府背景大客户与审计费用的回归分析

变量	Auditfeeit	Auditfeeit	Auditfeeit	Auditfeeit	Auditfeeit	Auditfeeit
Govperit	− 0. 359 ** (− 2. 14)	—	− 0. 245 * (− 1. 72)	—	− 0. 323 ** (− 2. 06)	—
Stateperit	—	− 0. 306 *** (− 2. 92)	—	− 0. 215 * (− 1. 84)	—	− 0. 269 * (− 1. 92)
Control Variables	Yes	Yes	Yes	Yes	Yes	Yes
Industry fixed effect	Yes	Yes	Yes	Yes	Yes	Yes
Year fixed effect	Yes	Yes	Yes	Yes	Yes	Yes
N	6511	6511	7178	7178	1548	8788
R – squared	0. 657	0. 679	0. 583	0. 598	0. 621	0. 636

注：括号内为 t 值，*** 、** 、* 分别表示在1% 、5%和10%的水平上显著。

6. 6. 4　自选择问题

考虑到前五大客户信息属于上市公司自愿性披露的范畴，因此本书的研究结论可能受样本的自选择问题的影响。针对这一问题，本书检验了企业是否披露前五大客户信息（以变量 Disclosure 来衡量，披露为1，否则为0）与企业审计费用的关系。表6 – 9列示了回归结果，无论是否考虑控制变量，虽然各项系数为正，但企业是否披露与审计费用的回归结果均不显著，这一结果表明企业是否披露客户信息并不会影响审计费用，在一定程度上排除了样本自选择的问题。

表 6 – 9　　企业是否披露客户信息与审计费用的回归分析

	Auditfeeit	Auditfeeit
Disclosureit	0. 105 （0. 98）	0. 086 （1. 13）
Control Variables	No	Yes
Industry fixed effect	No	Yes
Year fixed effect	No	Yes
N	12602	12602
R – squared	0. 071	0. 670

注：括号内为 t 值，*** 、 ** 、 * 分别表示在 1% 、5% 和 10% 的水平上显著。

6.6.5　客户集中度干扰

由于本书研究数据同样来自企业年报的前五大客户，因此本书的结论不可避免也会受到客户集中度的干扰。针对这一问题，本书将政府背景大客户与客户集中度同时考虑在内，设计了表 6 – 10 进行了相应的对比研究。结果如表 6 – 10 所示，依据客户集中度分为高、低两类后，政府背景大客户采购额占比高的企业在审计费用上均比政府背景大客户采购额占比低的企业要显著偏少；反过来将政府背景大客户采购额占比分为高低两类后，低客户集中度与高客户集中度企业之间的审计费用差异同样显著存在，这与王雄元等（2014）的结果基本一致。表明客户集中度的审计费用降低效应与政府采购订单的审计费用降低效应并不矛盾。

表 6 – 10   客户集中度、政府背景大客户与审计费用关系

		客户集中度		差值
		低	高	
Govper	低	13.309	13.006	0.303 ***
	高	12.983	12.695	0.288 ***
差值		0.326 ***	0.311 ***	
Stateper	低	13.294	13.010	0.284 ***
	高	12.974	12.721	0.253 ***
差值		0.320 ***	0.289 ***	

注：括号内为 t 值，***、**、* 分别表示在 1%、5% 和 10% 的水平上显著。

6.6.6 业务复杂度影响

表 6 – 11 将研究样本中各企业年度观测值按照业务复杂度分为四类，对比最复杂与最简单两组样本的回归系数的差异。结果均有力说明业务越复杂的情况下，企业面临的潜在经营风险与审计风险越高，政府背景大客户的存在能更为有效为企业带来审计费用的降低，佐证了本书的核心假说 H6 – 1。

表 6 – 11   政府背景大客户与审计费用的回归分析（业务复杂度）

	简单 Auditfeeit	复杂 Auditfeeit	简单 Auditfeeit	复杂 Auditfeeit
Govperit	− 0.300 ** (− 2.06)	− 0.404 *** (− 2.96)	—	—

续表

	简单 Auditfeeit	复杂 Auditfeeit	简单 Auditfeeit	复杂 Auditfeeit
Stateperit	—	—	-0.308^{*} (-1.88)	-0.373^{***} (-3.16)
Control Variables	Yes	Yes	Yes	Yes
Industry fixed effect	Yes	Yes	Yes	Yes
Year fixed effect	Yes	Yes	Yes	Yes
N	1656	1646	1656	1646
R – squared	0.657	0.640	0.658	0.646
Govper/Stateper：复杂 = 简单［p – value］	0.006		0.038	

注：括号内为 t 值，*** 、 ** 、 * 分别表示在 1%、5% 和 10% 的水平上显著。

6.7　本 章 小 结

　　本章基于供应链风险传递视角，探究了中国国情下政府背景的客户群体对企业审计费用的影响。结果表明，政府背景大客户的存在有助于降低企业的审计费用，进一步的检验还发现，持续性越强、层级越高的政府背景大客户可以更好帮助企业获得较低的审计收费，且这一关系在融资约束程度较高的企业当中尤为明显。最后，本章还从影响路径的角度揭示了政府背景大客户的存在可以有效缓解企业面临的审计风险，进而降低其审计费用的机制。

第 7 章

研究结论与展望

本章将对全书的研究内容进行总结，并概括研究意义，提出研究展望。本章共包括 3 个小节，具体的结构安排如下：第一部分是对本书主要研究结论的归纳和总结；第二部分是在所获得研究结论的基础上提出相应的研究启示和政策建议；第三部分是对本书研究的局限性进行分析，并指出未来值得进一步研究的问题和方向。

7.1 研 究 结 论

政府采购是财政支出的重要组成部分，具有宏观调控作用，为中小企业和不发达地区企业带来"造血式"的扶持作用。本书首次从上市公司的供应链视角，探究中国国情下政府客户群体对分析师预测的影响，系统回顾了政府采购、分析师预测、审计费用与供应链等领域的相关研究文献，利用 2007～2015 年中国上市公司披露的前五大客户信息推算政府背景大客户采购比例的数据，探讨了企业获得政府背景大客户采购订单对分析师预测及审计费用的影响，并进一步检验其作用影响机制。

本书的研究结论如下：

（1）"看准现状"，对获得政府背景大客户采购订单越多的企业，分析师的预测越准确，分歧度越低；"看清趋势"，对获得政府背景大客户采购订单越多的企业，分析师给出的投资评级越高。在采购订单的特征上，中央层级、稳定性的采购订单对分析师预测的提升效果更大。

（2）本书还从政府背景大客户采购订单如何影响分析师预测行为入手，探讨可能存在的影响渠道。在获得订单企业的所有权性质上，发现民营企业获得订单更能提高分析师的预测。宏观分析师的存在可以更好帮助个股分析师解读政府背景大客户采购对企业的正面影响。另外政府背景大客户采购比例越高，企业的盈利增长往往越稳定，企业的市场估值往往越高，且企业的盈余质量往往越高，这些都能较好帮助分析师更准确地作出分析和判断。

（3）政府背景大客户的存在有助于降低企业审计费用，从采购主体的层级与客户的稳定性出发，发现了订单来源的稳定性越高可以帮助企业获得越低的审计费用，且政府背景大客户在融资约束程度较高的企业中能更显著降低其审计成本。最后，通过审计风险的路径揭示了政府背景大客户的存在如何影响审计费用。

7.2　政　策　建　议

综上所述，本书发现企业获得政府背景大客户的采购订单对分析师预测与审计费用均有影响，分析师的投资评级越高、预测越准确、分歧度越低。本书的研究具有重要的启示作用，具体包括以下三个方面。

首先，建议增加政府采购的政策，彰显对实体经济的支持。从政府宏观调控的角度来看，本书为政府采购政策的实施效果提供了有力依据，表明政府背景客户的采购确实能够提高企业的盈利能力和市场估值，避免了传统政府补贴政策"大水漫灌"式的低效与浪费，为政府采购、集中采购等政策的制定提供实证支持，对政府购买服务的改革与推行具有重要现实意义。

其次，建议企业发挥政府采购订单的信号灯作用，充分挖掘订单的信息含量。从企业竞争能力的角度来看，获得政府采购订单是利好的信号，可以增强企业的竞争能力，能够在同行业竞争中脱颖而出，对企业长期发展益处颇多。同时，本书从影响路径的角度揭示了政府背景大客户的存在可以有效缓解企业面临的审计风险，进而降低其审计费用的机制，为企业降低审计成本提供新的视角。

最后，建议投资者关注政府采购政策的执行，做资本市场的价值投资者。从投资者投资收益来看，本书发现政府采购订单的信息含量可以被分析师识别，因此投资者可以根据分析师报告的投资评级与投资意见进行投资，并且揭示了应该选择何种分析师（所在券商拥有宏观分析师的个股分析师）来追随，这对广大投资者，尤其是处于信息劣势的中小散户解读上市公司获取政府背景大客户采购订单的信息含量具有启示作用，这些都能有助于本书更好地认识政府、企业及分析师等市场第三方如何良性互动，共同提升市场效率。

7.3　研究局限与后续展望

本书是对宏观政策与微观企业的交叉领域研究，是对供应链金融研究文献的重要补充，对投资者解读上市公司获取政府背景客户的信息含量具有重要启示作用，并揭示了宏观政策对市场第三方的影响渠道。

然而，由于上市公司很少详细披露自身的销售订单数据，相关的法律法规也并不强制规定上市公司披露具体的客户信息，本书的研究在样本范围上存在不可避免的缺陷：一是无法涵盖所有上市公司，二是前五大客户销售情况也不能代表公司整体销售，三是政府大客户与国有企业毕竟存在职责目标上的差异，不能完全等同化一，因此本书目前无法在政府背景客户对企业的作用影响上做到全方位的研究，也难以考虑到极端情况下一些特定客户结构的影响。

此外，本书目前的数据也无法获得政府背景客户采购的具体产品内容，不能更细致进行分门别类的研究，另外融资约束和客户结构所带来的风险类型也可能存在差异，需要进一步甄别探讨。以上这些因素的存在使得本书存在不足，但也有助于本书进一步尝试去发掘这些问题，为接下来的研究开辟新的方向。

参 考 文 献

[1] 娄贺统，徐浩萍．政府推动下的企业技术创新税收激励效应的实证研究 [J]．中国会计评论，2009：191 - 206．

[2] 逯东，林高，黄莉，杨丹．"官员型"高管，公司业绩和非生产性支出——基于国有上市公司的经验证据 [J]．金融研究，2012：139 - 153．

[3] 艾冰，陈晓红．政府采购与自主创新的关系 [J]．管理世界，2008：169 - 170．

[4] 白俊，连立帅．国企过度投资溯因：政府干预抑或管理层自利？[J]．会计研究，2014：41 - 48．

[5] 蔡吉甫．公司治理，审计风险与审计费用关系研究 [J]．审计研究，2007：65 - 71．

[6] 曹新伟，曾旭，洪剑峭．分析师评级调整与提前交易——基于融资融券市场的研究 [J]．管理评论，2020 (32)：49．

[7] 沈红波，杨玉龙，潘飞．民营上市公司的政治关联，证券违规与盈余质量 [J]．金融研究，2014：194 - 206．

[8] 陈德球，李思飞，王丛．政府质量，终极产权与公司现金持有 [J]．管理世界，2011 (11)：127 - 141．

［9］陈宋生，田至立．往期审计风险的定价作用与传导机理［J］．审计研究，2019：64－71．

［10］陈晓，李静．地方政府财政行为在提升上市公司业绩中的作用探析［J］．会计研究，2001（12）：20－28．

［11］陈艳艳，罗党论．地方官员更替与企业投资［J］．经济研究，2012（2）：18－30．

［12］陈正林．客户集中，政府干预与公司风险［J］．会计研究，2016：23－29．

［13］邓可斌，曾海舰．中国企业的融资约束：特征现象与成因检验［J］．经济研究，2014（49）：47－60．

［14］丁乙．分析师荐股评级调整对我国基金羊群行为的影响［J］．现代经济探讨，2018：44－53．

［15］方军雄．我国上市公司信息披露透明度与证券分析师预测［J］．金融研究，2007：136－148．

［16］傅超，吉利．诉讼风险与公司慈善捐赠——基于"声誉保险"视角的解释［J］．南开管理评论，2017：108－121．

［17］郭剑花，杜兴强．政治联系，预算软约束与政府补助的配置效率［J］．金融研究，2011（3）：15．

［18］胡凯，蔡红英，吴清．中国的政府采购促进了技术创新吗？［J］．财经研究，2013（09）：134－144．

［19］胡奕明，林文雄，王玮璐．证券分析师的信息来源，关注域与分析工具［J］．金融研究，2003：52－63．

［20］黄琼宇，程敏英，黎文靖，魏明海．上市方式，政治支持与盈余质量——来自中国家族企业的证据［J］．会计研究，2014：

43 – 49.

[21] 姜爱华，朱晗．政府采购对扶持不发达地区经济发展的影响研究——基于省级面板数据的实证分析 [J]．财政研究，2018 (6)：42 – 53.

[22] 酒莉莉，刘媛媛．审计师——客户匹配度，审计师变更与审计费用 [J]．审计研究，2018 (2)：8.

[23] 孔东民，刘莎莎，谭伟强．分析师评级与投资者交易行为 [J]．管理世界，2019：167 – 178.

[24] 孔东民，刘莎莎，王亚男．市场竞争，产权与政府补贴 [J]．经济研究，2013 (2)：55 – 67.

[25] 李方旺．发挥政府采购对战略性新兴产业发展的扶持作用 [J]．财政研究，2015：61 – 67.

[26] 李健，陈传明．企业家政治关联，所有制与企业债务期限结构——基于转型经济制度背景的实证研究 [J]．金融研究，2013：157 – 169.

[27] 李健，陈传明，孙俊华．企业家政治关联，竞争战略选择与企业价值 [J]．南开管理评论，2012 (15)：6.

[28] 李玲，陶厚永．纵容之手，引导之手与企业自主创新——基于股权性质分组的经验证据 [J]．南开管理评论，2013 (16)：69 – 79.

[29] 李姝，谢晓嫣．民营企业的社会责任，政治关联与债务融资——来自中国资本市场的经验证据 [J]．南开管理评论，2014：30 – 40.

[30] 李颖，伊志宏，田祥宇．分析师提前释放信息与股票流

动性：基于融资买入的证据［J］. 宏观经济研究，2017：81 - 94.

［31］林乐，谢德仁. 分析师荐股更新利用管理层语调吗？——基于业绩说明会的文本分析［J］. 管理世界，2017：125 - 145.

［32］林晚发，敖小波. 企业信用评级与审计收费［J］. 审计研究，2018：95 - 103.

［33］刘京焕，张霄，王宝顺. 我国政府采购政策经济功能研究［J］. 财政研究，2013：41 - 43.

［34］刘启亮，李蕙，赵超，廖义刚，陈汉文. 媒体负面报道，诉讼风险与审计费用［J］. 会计研究，2014 (6)：81 - 88.

［35］刘笑霞. 审计师惩戒与审计定价——基于中国证监会2008～2010 年行政处罚案的研究［J］. 审计研究，2013：90 - 98.

［36］刘云，闫哲，程旖婕，叶选挺. 政府采购促进科技创新的政策作用机制及实证研究——以北京市为例［J］. 中国软科学，2017：9 - 20.

［37］逯东，林高，杨丹. 政府补助，研发支出与市场价值——来自创业板高新技术企业的经验证据［J］. 投资研究，2012 (31)：67 - 81.

［38］欧定余，魏聪. 融资约束，政府补贴与研发制造企业的生存风险［J］. 经济科学，2016：63 - 74.

［39］曲晓辉，毕超. 会计信息与分析师的信息解释行为［J］. 会计研究，2016：19 - 26.

［40］全怡，陈冬华，李真. 独立董事身份提高了分析师的预测质量吗？［J］. 财经研究，2014：97 - 107.

[41] 阮征, 吴灿, 许健, 阮飞. 政府采购宏观绩效的投入产出测度 [J]. 管理评论, 2010 (22): 27 - 32.

[42] 宋衍蘅. 审计风险, 审计定价与相对谈判能力——以受监管部门处罚或调查的公司为例 [J]. 会计研究, 2011: 79 - 84.

[43] 谭松涛, 崔小勇. 上市公司调研能否提高分析师预测精度 [J]. 世界经济, 2015 (4): 126 - 145.

[44] 唐松, 胡威, 孙铮. 政治关系, 制度环境与股票价格的信息含量——来自我国民营上市公司股价同步性的经验证据 [J]. 金融研究, 2011: 182 - 195.

[45] 王春峰, 辛宇, 房振明, 赵亮. 分析师评级调整在经济形势不好的时候更有参考价值吗? ——来自中国证券市场的经验证据 [J]. 投资研究, 2015: 151 - 160.

[46] 王红建, 李青原, 邢斐. 金融危机, 政府补贴与盈余操纵——来自中国上市公司的经验证据 [J]. 管理世界, 2014: 157 - 167.

[47] 王文成, 王诗卉. 中国国有企业社会责任与企业绩效相关性研究 [J]. 中国软科学, 2014: 131 - 137.

[48] 王雄元, 王鹏, 张金萍. 客户集中度与审计费用: 客户风险抑或供应链整合 [J]. 审计研究, 2014: 72 - 82.

[49] 吴东辉, 薛祖云. 财务分析师盈利预测的投资价值: 来自深沪 A 股市场的证据 [J]. 会计研究, 2005 (8): 37 - 43.

[50] 吴贾, 徐舒, 申宇. 公司融资约束对企业风险及股票价格影响的实证分析 [J]. 南开经济研究, 2014: 54 - 71.

[51] 伍利娜. 盈余管理对审计费用影响分析——来自中国上

市公司首次审计费用披露的证据 [J]. 会计研究, 2003 (12): 39 - 44.

[52] 伍利娜, 王春飞, 陆正飞. 企业集团统一审计能降低审计收费吗 [J]. 审计研究, 2012 (1): 69 - 77.

[53] 邢立全, 陈汉文. 产品市场竞争, 竞争地位与审计收费——基于代理成本与经营风险的双重考量 [J]. 审计研究, 2013: 50 - 58.

[54] 余明桂, 回雅甫, 潘红波. 政治联系, 寻租与地方政府财政补贴有效性 [J]. 经济研究, 2010 (45): 65 - 77.

[55] 岳衡, 林小驰. 证券分析师 VS 统计模型: 证券分析师盈余预测的相对准确性及其决定因素 [J]. 会计研究, 2008: 40 - 49.

[56] 张敏. 供应商 - 客户关系与审计师选择 [J]. 会计研究, 2013: 81 - 86.

[57] 张然, 汪荣飞, 王胜华. 分析师修正信息, 基本面分析与未来股票收益 [J]. 金融研究, 2017 (445): 156 - 174.

[58] 张天舒, 黄俊. 金融危机下审计收费风险溢价的研究 [J]. 会计研究, 2013: 81 - 86.

[59] 张宜霞. 财务报告内部控制审计收费的影响因素——基于中国内地在美上市公司的实证研究 [J]. 会计研究, 2011 (12): 70 - 77.

[60] 张志宏, 陈峻. 客户集中度对企业现金持有水平的影响——基于 A 股制造业上市公司的实证分析 [J]. 财贸研究, 2015: 148 - 156.

[61] 赵璨, 王竹泉, 杨德明, 曹伟. 企业迎合行为与政府补

贴绩效研究——基于企业不同盈利状况的分析 [J]. 中国工业经济，2015：130 - 145.

[62] 赵良玉，李增泉，刘军霞. 管理层偏好，投资评级乐观性与私有信息获取 [J]. 管理世界，2013：33 - 47.

[63] 周亚虹，蒲余路，陈诗一，方芳. 政府扶持与新型产业发展——以新能源为例 [J]. 经济研究，2015 (50)：147 - 161.

[64] Ray Ball, Sudarshan Jayaraman, Lakshmanan Shivakumar. Audited financial reporting and voluntary disclosure as complements: A test of the confirmation hypothesis [J]. Journal of accounting and economics, 2012 (53)：136 - 166.

[65] Randolph P Beatty. The economic determinants of auditor compensation in the initial public offerings market [J]. Journal of Accounting Research, 1993 (31)：294 - 302.

[66] Fredrik Bergström. Capital subsidies and the performance of firms [J]. Small business economics, 2000 (14)：183 - 193.

[67] Lawrence D Brown, Robert L Hagerman, Paul A Griffin, Mark E Zmijewski. Security analyst superiority relative to univariate time-series models in forecasting quarterly earnings [J]. Journal of accounting and Economics, 1987 (9)：61 - 87.

[68] Donal Byard, Kenneth W Shaw. Corporate disclosure quality and properties of analysts' information environment [J]. Journal of Accounting, Auditing & Finance, 2003 (18)：355 - 378.

[69] Paul K Chaney, Mara Faccio, David Parsley. The quality of accounting information in politically connected firms [J]. Journal of

accounting and Economics, 2011 (51): 58 – 76.

[70] Daniel A Cohen, Bin Li. Customer – base concentration, investment, and profitability: The US government as a major customer [J]. The Accounting Review, 2020 (95): 101 – 131.

[71] Dan Dhaliwal, J Scott Judd, Matthew Serfling, Sarah Shaikh. Customer concentration risk and the cost of equity capital [J]. Journal of Accounting and Economics, 2016 (61): 23 – 48.

[72] Eric Friedman, Simon Johnson, Todd Mitton. Propping and tunneling [J]. Journal of Comparative Economics, 2003 (31): 732 – 750.

[73] Cristi A Gleason, Charles MC Lee. Analyst forecast revisions and market price discovery [J]. The Accounting Review, 2003 (78): 193 – 225.

[74] Marty Gosman, Trish Kelly, Per Olsson, Terry Warfield. The profitability and pricing of major customers [J]. Review of Accounting Studies, 2004 (9): 117 – 139.

[75] Allaudeen Hameed, Randall Morck, Jianfeng Shen, Bernard Yeung. Information, analysts, and stock return comovement [J]. The Review of Financial Studies, 2015 (28): 3153 – 3187.

[76] Shawn X Huang, Raynolde Pereira, Changjiang Wang. Analyst coverage and the likelihood of meeting or beating analyst earnings forecasts [J]. Contemporary Accounting Research, 2017 (34): 871 – 899.

[77] Artur Hugon, Alok Kumar, An – Ping Lin. Analysts, macroeconomic news, and the benefit of active in – house economists [J]. The

Accounting Review, 2016 (91): 513 – 534.

[78] William C Johnson, Jun – Koo Kang, Sangho Yi. The certification role of large customers in the new issues market [J]. Financial Management, 2010 (39): 1425 – 1474.

[79] Jayant R Kale, Husayn Shahrur. Corporate capital structure and the characteristics of suppliers and customers [J]. Journal of Financial Economics, 2007 (83): 321 – 365.

[80] Steven N Kaplan, Luigi Zingales. Do investment-cash flow sensitivities provide useful measures of financing constraints? [J]. The quarterly journal of economics, 1997 (112): 169 – 215.

[81] Bin Ke, Kathy Petroni. How informed are actively trading institutional investors? Evidence from their trading behavior before a break in a string of consecutive earnings increases [J]. Journal of Accounting Research, 2004 (42): 895 – 927.

[82] Yoon Hee Kim, Urban Wemmerlöv. Does a supplier's operational competence translate into financial performance? An empirical analysis of supplier-customer relationships [J]. Decision sciences, 2015 (46): 101 – 134.

[83] Charles MC Lee, Eric C So. Uncovering expected returns: Information in analyst coverage proxies [J]. Journal of Financial Economics, 2017 (124): 331 – 348.

[84] Kevin K Li, Haifeng You. What is the value of sell-side analysts? Evidence from coverage initiations and terminations [J]. Journal of Accounting and Economics, 2015 (60): 141 – 160.

［85］ Panos N Patatoukas. Customer – base concentration: Implications for firm performance and capital markets: 2011 American accounting association competitive manuscript award winner ［J］. The accounting review, 2012 (87): 363 – 392.

［86］ Dan A Simunic. The pricing of audit services: Theory and evidence ［J］. Journal of accounting research, 1980: 161 – 190.

［87］ Siew Hong Teoh, Ivo Welch, Tak J Wong. Earnings management and the long-run market performance of initial public offerings ［J］. The journal of finance, 1998 (53): 1935 – 1974.

［88］ Dimitris Tzelepis, Dimitris Skuras. The effects of regional capital subsidies on firm performance: an empirical study ［J］. Journal of Small Business and Enterprise Development, 2004 (1): 121 – 129.

［89］ Jin Wang. Do firms' relationships with principal customers/suppliers affect shareholders' income? ［J］. Journal of Corporate Finance, 2012 (18): 860 – 878.

后　　记

"千淘万漉虽辛苦，吹尽狂沙始到金"。一篇著作的编撰，离不开学校和学院的鼎力支持，离不开编辑部老师的大力帮助。感谢各位前辈老师们在我著书过程中的辛劳付出，让这本书逐渐趋于圆满。

导师的教诲谆谆，读博的岁月漫长，教书的生活充实，科研的道路曲折。感恩每一分时光，让我明白，每一段娓娓道来的故事，其背后都有披星戴月的付出。感谢在我成长中指引我前行，使我继续在科学研究和教书育人的道路上前进的每一位老师和前辈，再次向各位表达我真诚的感谢和美好的祝福！

人生如一场修行，怀抱"卧薪尝胆，三千越甲可吞吴"的斗志，迎接一个个熟悉又陌生的挑战。

袁　满

2023 年 1 月